如何玩电子游戏

HOW TO PLAY A VIDEO GAME

【新西兰】皮平·巴尔◎著
翁玮◎译

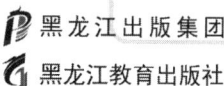
黑龙江出版集团
黑龙江教育出版社

版权登记号：08-2017-058

图书在版编目（CIP）数据

乐活：如何玩电子游戏/（新西兰）皮平·巴尔
（Pippin Barr）著；翁玮译. — 哈尔滨：黑龙江教育
出版社，2017.3
ISBN 978-7-5316-9158-7

Ⅰ.①乐… Ⅱ.①皮… ②翁… Ⅲ.①电子游戏—基本知识 Ⅳ.①G898.3

中国版本图书馆CIP数据核字(2017)第067063号

How to Play a Video Game
Copyright © Pippin Barr 2011
First edition published in 2011 by Awa Press, Level One, 85 Victoria Street, Wellington, New Zealand
The simplified Chinese translation rights arranged through Rightol Media
（本书中文简体版权经由锐拓传媒取得 Email:copyright@rightol.com）
Simplified Chinese edition copyright © 2017 by Heilongjiang Educational Publishing House
ALL RIGHTS RESERVED

乐活：
LEHUO：

如何玩电子游戏
RUHE WAN DIANZIYOUXI

作　　者	〔新西兰〕皮平·巴尔（Pippin Barr）
译　　者	翁　玮
选题策划	吴　迪
责任编辑	宋舒白　郝雅丽
装帧设计	Amber Design 琥珀视觉
责任校对	张爱华
营销推广	李珊慧

出版发行	黑龙江教育出版社（哈尔滨市南岗区花园街158号）
印　　刷	北京鹏润伟业印刷有限公司
新浪微博	http://weibo.com/longjiaoshe
公众微信	heilongjiangjiaoyu
天 猫 店	https://hljjycbsts.tmall.com
E－mail	heilongjiangjiaoyu@126.com
电　　话	010—64187564

开　　本	880×1230　1/32
印　　张	6
字　　数	72千
版　　次	2017年6月第1版　2017年6月第1次印刷
书　　号	ISBN 978-7-5316-9158-7
定　　价	32.00元

送给我的家乡惠灵顿

目 录
contents

古墓丽影	001
你好！世界！	017
游戏分类	033
游戏任务	047
游戏操控	059
另一个"你"	071
游戏世界	085
虚拟人生	099
在雨中痛哭流涕吧	111
和朋友一起玩	123
游戏的意义	133
试玩一下	147
写在最后	159
致谢	177
附表：书中提及游戏一览	179

古墓丽影

我4岁那年，爸妈买回家一台苹果IIe电脑，在那会儿，这算是在新西兰买得到的第一批个人电脑，里面还自带了一款叫作《阿兹特克人》(Aztec)的游戏。在游戏里，我化身古墓猎手，探索位于古墓更深处的秘宝。时至今日，自然也清楚盗墓不是什么好事，但小时候哪管这些。

　　我记不清很小时候的事了，却对这款《阿兹特克人》记忆犹新。我跟游戏里的眼镜蛇啊、狮子啊，甚至还有章鱼怪的一场场厮杀，至今还有印象。为了确保自己没弄错，刚才我还特意去查了查怪物登场一览表。你敢信古墓里居然会有章鱼怪？事实上就是有。古墓里还少不了守墓的阿兹特克人，这些人和我自然是势不两立的啦……

ow to 如何玩电子游戏
Play a Video Game

《阿兹特克人》的游戏内容可能对小孩而言刺激了点儿，但那时最吸引我的一点，就是能让我在另外一个地方变成另外一个人，就算到今天我还是这么觉得的。在游戏里我是一名古墓猎手，像埋炸药、射怪蛇、躲避那些电影情节里才有的陷阱和塌个不停的天花板什么的，都是我在游戏里要做的事情。有小时候这些经历作为基础，也就不奇怪30年后我仍然还在玩各种各样的电子游戏，而且根本停不下来：用Xbox360玩、用笔记本电脑玩、用我的苹果平板电脑玩；在家里玩、在公交车上玩、在上班路上玩。对我来说，玩游戏没有休息天。

哦，是了，我玩游戏还因为这是我的工作啊。我在哥本哈根一所高校里教游戏设计，工作的地方叫电脑游戏研究中心。嗯，你别不信，就是这么炫酷。在这座光线良好的玻璃大楼里，和一群游戏天才共事。我们研究什么是游戏，游戏意味着什么以及游戏未来的发展。能看着这帮最棒、最聪明的人在餐厅边吃午饭边谈论《魔兽世界》里的细节，或者比较各自在苹果手机最新出的游戏里的最高分，画面简直太美，似在梦中一般。

当我没在教视频游戏，就把大把时间花在思考和制作游戏上。我最近在做的是重现行为艺术家玛丽娜·阿布拉莫维奇的作品《艺术家在场》(*The Artist Is Present*)。这个表演原来是在纽约现代艺术博物馆里进行的，参观者可以一个接一个地坐在阿布拉莫维奇对面，安静地凝视她的眼睛，想看多久就看多久。在我所做的游戏版里，可以再现这种体验。如果你想看真人表演，只能在博物馆开放的纽约时间早上10:30到下午5:30体验，而且每周二、感恩节和圣诞期间还会闭馆。因为人多，需要排长队。我最近一次亲自体验排了5个小时的队才轮到我。

我的这个游戏在网络上还是小有成绩的。一周内访问量超过9万人次，诸如《村声周报》和《赫芬顿

How to 如何玩电子游戏
Play a Video Game

邮报》都将我的游戏列为精选，纽约现代艺术博物馆和巴黎蓬皮杜艺术中心的官方推特也专门提到了我的游戏。

所以，简单来说，玩游戏、说游戏、教游戏、想游戏、写游戏、做游戏，便是我生活的全部。我知道这听上去没那么振奋人心……但还是容我细细道来我走到今天这一步的原因吧！

从《阿兹特克人》开始，游戏就成了我生命中理所当然的一部分。不能说有多重要也不能说多不重要，玩游戏于我就好比读书、看电影，或者在家周围的学校操场玩玩板球似的，是一件稀松平常的事情。对我和朋友们而言，游戏为生活额外提供了一方可以完全由自己掌控的独立空间，不仅意味着我们可以扮演游戏里的角色，而且在这个空间里，我们能够全身心地感受从游戏运用的技术到玩家所置身的全新场景所带来的美好体验。

在玩游戏这件事上，还有很多游戏社交礼仪，至今历历在目，可以说是伴随我们步入成年。记得以前踏进喧闹潮热的游戏厅，感觉就像回到了自己的大本营。玩家先在前台把整钱换成一堆堆两角钱的钢镚儿，然后要么若有所思地在屋子里绕着走想着玩啥，要么就是马上直奔自己的"最爱"。你会看到，他们大拇指和食指情不自禁地捏着要用的那枚钢镚儿，有规律地摩擦着升温。如果想和别人（一般完全是陌生人）一起玩的话，玩家会把自己的硬币搁在屏幕底下，表明自己想加入下一局，接着就能和对方组队或者对打了。这就是我刚才说的游戏社交礼仪。

我记忆中最美好的一次经历是我和挚友克里斯去家旁边的录像店，租了一晚上世嘉五代主机——"租"这个字眼听上去像是我们变得成熟的印证，小屁孩是没这本事的……到了店里，我们在走廊里走啊走，得做出一个沉重的决定：到底挑哪三款游戏玩呢（一次同时只能挑三款）？是《战斧》吗？这个是我们一直以来的最爱。还是那个看上去怪怪的新作《托杰与厄尔》好呢？选好后去前台结账，店员会把游戏带一张张嵌在一个专门的尼龙小包的隔袋里。回到克里斯家，我们边吃炸鱼、薯条边玩游戏，直到深夜，换着玩一会儿，组队玩一会儿。到上床睡觉的时候，因为之前按按钮按得实在太忘情，我们的大拇指指肚都凹了下去。第二天早上还会起来继续赶在还带子前再玩个把小时。

后来我上了高中，又有了个不同寻常的爱好：美式橄榄球。具体来说我是达拉斯牛仔队的粉丝。说来也巧，我就是在祖母家看了几场美国橄榄球联盟的比赛，就和橄榄球结缘了。我之所以顶牛仔队，就是因为那时候它曾漂亮地赢了几场比赛。虽然我平时也会玩板球、英式橄榄球和其他新西兰的传统项目，然而我最喜欢也最让我着迷的，仍旧是有着蓝银相间队徽的达拉斯牛仔。要把这份热爱坚持下来真的不容易，90年代鼎盛时期过后，他们队便风光不再，甚至可以说是一蹶不振，成了最让人失望的队伍之一了。我最爱的队伍一次又一次地表现不尽如人意，有些令人心寒。

对我来说，美式足球和电子游戏两者可谓紧紧相连。由于美国橄榄球联盟在新西兰没有多少热爱者，同好人数有限，这份热爱便只能靠电子游戏来维系了。其中当属《疯狂橄榄球》做得最好。我连着10年坚持每年都会入手当年新出的游戏，从不落下。哪怕时至今日，我还是会去买它。

现实中的达拉斯牛仔和游戏里的达拉斯牛仔之间的关系，对我来说可谓一言难尽。在游戏里你能改写比赛历史、创造未来。比如，达拉斯牛仔能不能赢下今年的超级杯呢？未尝不可啊！之后呢，能不能一赢到底？……在你的"指挥"和"操作"下，赢了！达拉斯牛仔又赢了！就算现实里饱尝败绩，我还是能装作满不在乎地换个电视频道当作没发生过，让他们队在游戏里胜出。

这种事做多了以后，我变得有点上头了。我老是控制不住自己在达拉斯牛仔进行下一场比赛前，让他们与对手先打一场模拟赛来"帮助"他们在现实比赛里胜出。甚至把规则定得十分有板有眼，确保其真实有效：不能作弊、不能耍阴招儿、不能存档、不能重来。我为这支队伍的成败荣辱可谓竭尽所能了。

后来电子游戏做得越来越好，我也越来越把游戏当回事了。2001年有好几款游戏刷新了我对游戏的认识。在《侠盗猎车手3》里，游戏世界既是我的领地，但同时我又不像最高支配那样君临一切。就这点而言，比以往经历过的虚拟世界都更为真实。在《古堡迷踪》里，我发现我的情感完全被游戏里的角色所左右，越来越在意我扮演的角色对游戏所起到的推进作用。在《合金装备2：自由之子》，我享受着浓厚的后现代的游戏画面，对游戏里死亡画面和"第四墙"奇怪的碎裂都倍加推崇——这些都是由游戏设计师小岛秀夫精心制作的。

有一天发生了一件事，可以说是我人生的转折点。那天我和学术导师斯凯·马森在惠灵顿一家咖啡厅里，讨论我博士期间的专攻方向，这关系到之后3年或更多时间内将要做的事情，所以这个决定事关重大。本来是打算研究微软办公软件是如何潜移默化地影响着我们的，然后找出其正确运用的方法。

斯凯听了后，突然毫无预兆地这么对我说："干吗不研究电子游戏呢？"我一愣，当时嘴上稀里糊涂地答应着，但她这个大胆的想法，已经深深地震感了我。这真的能够付诸实践吗？我的负责老师会不会当面取笑我？

后来，我真的花了3年时间研究游戏。和那些玩游戏的人打交道，试着去了解游戏究竟是如何将"正确"的事物传递给游戏玩家们的。毕业前夕我写了一篇题为"电子游戏的价值"的毕业论文——至此我正儿八经地成了个游戏博士。我先在加拿大从事了一

How to 如何玩电子游戏
Play a Video Game

阵研究另类游戏的工作,就是那种在大型多点触控游戏平台(类似大型苹果手机)运行的游戏。然后我和妻子去了哥本哈根,她正巧也是个游戏专家。

能够从事游戏教学工作,对我来说真的是没谁了。正所谓教学相长,在与学生们接触的同时,我得以领略到游戏行业发展的无限可能性。每个学期,学生作品里都佳作辈出,超乎想象。去年一个学生制作了一款飞船射击游戏。该游戏需要玩家通过"谱写"乐曲来提升飞船的性能,乐曲做得越复杂精妙,飞船性能也就相应地更为强大。怎么说呢,这个游戏大概有点儿像乐器演奏版的《太空侵入者》吧!还有个学生的作品是让玩家通过电脑摄像头拍摄真实世界的色彩作为"养料",使一株虚拟植物成长。与需要玩家静坐在电脑前的一般游戏不同,这个游戏需要你四处走动,找到与游戏中提示需要相一致的颜色:比方说某人所穿T恤衫的蓝色啊,午餐沙拉的绿色啊,抑或是一开而过红色轿车的红色之类的东西。

你可能会觉得：什么？乐曲配上太空飞船？用颜色令植物生长？是不是有些莫名其妙、毫无意义……也难怪有人觉得电子游戏浪费光阴了。我却不这么认为：我觉得正因为有了这些游戏，我们才有了探索新世界、获取新荣誉、进行新实验的可能。不论是身处一室地玩、联网玩还是完全分开玩，这些游戏拉近了人与人之间的关系、促进了朋友之间的友谊。通过玩游戏，玩家能够产生一种归属感，与全世界各地的其他玩家心灵相通。

在当下，电子游戏已经成为发展繁盛的一项国际化产业，游戏大作的产出值之巨，甚至能超过好莱坞大片的票房。《使命召唤7：黑色行动》在发售首日就斩获了500万份以上的销售纪录；《魔兽世界》常驻玩家也居高不下，人数达500多万，比一些国家总人口还多。

我也知道对那些不太会玩游戏的人来说，玩起

How to 如何玩电子游戏
Play a Video Game

游戏来可能会有点跨越不了的障碍。在这些人眼中，游戏画面无异于令人眼花缭乱，再配上嘈杂的噪声。为了玩好游戏，还得操控你的手指做一些颇为繁复的动作组合，在刚上手的时候可能会感到有些无所适从。再说了，玩游戏的方式也有很多种：手机可以玩、电视可以玩，现在连腕表都可以玩游戏了，你都不知道应该从哪个平台下手。其实，这些还不是最糟的，最让人望而生畏的是，世界上现在有数不尽的不同游戏，又有谁知道当中最值得玩的是哪款，该怎么开始入坑之旅呢？就算你选择了一款游戏开始玩，但是玩到中途卡关玩不下去了，又该如何是好？

几天前我又重温了《阿兹特克人》，想找回童年时期厮杀于游戏世界的辉煌记忆。然而刚启动我就发现连怎么移动都忘了。沮丧之余我一通瞎按，总算是能朝着一个方向前进了，却没法停下来，也转不了方向，于是果断撞到了墙摔倒。我屡摔屡撞，屡撞屡摔,然后当了游戏里豹子的口粮。

《阿兹特克人》还是很有难度的,虽然首次受挫后我查了查操作指南,总算想起来了该怎么操控人物走直线,但收效甚微。我掉进过坑洞、被蜘蛛咬死过,还被藏在垃圾堆里的一枚炸弹炸飞过。哎,游戏真的不太会体谅人啊,我都这么卖力尝试了,给我的反馈仅限于"你失败了""你被炸飞了"……如果有个老司机能在边上指点我一下那该多好啊!告诉我哪处操作有误,哪怕单纯地安慰一下我也好啊……算了,扯远了,下面开始本书正篇吧!

你好！世界！

在1958年,威利·海金博塞姆(William Higinbotham)博士有点犯难。他时任位于纽约州的布鲁克海文国家实验室的物理研究员,当时正逢一年一度的公众开放日,他怕传统的静态展示已经无法震撼审美阈值日益拔高的民众了。于是他突发奇想,就地取材,利用手边的一台一般用于在显示屏上显示电流的示波器和一台用以计算大脑轨迹的计算机,制作了一款游戏——《双人网球》。在游戏中,玩家通过操控表盘来模拟挥拍,击打屏幕中的一颗虚拟的网球,隔着一张虚拟的球网进行模拟球赛。虽然以如今的眼光来看,《双人网球》不免显得太过原始,但作为史上第一款真正意义上的游戏,它所取得的成功无疑是空前绝后的,当时的人们都不禁沉迷其中。

虽然这个典故编得很棒,但也只是众多关于游戏最早起源说法中的一种罢了,况且这种追根溯源的考据行为,也没什么太大意义。根据考据者定义的不同,"史上第一"也有许多不同的版本。在《双人网球》问世之前,已经能在计算机上下象棋和一字棋了。此外,甚至还有人质疑用示波器和模拟计算机做的"游戏"本身,还能算游戏吗?

简单地说,现在的计算机以及相关技术,早已不再只适用于计算导弹轨道之类的重大问题了,计算机可以用来玩游戏,这点可以说是已经永远地改变了我们娱乐的方式。计算机强大的计算能力完美地解决了以往游戏过程中繁杂琐碎的事。比方说,"铁面无私"的计算机能够确保没有玩家作弊,维护公平性,还可以准确无误地记录玩家得分。在以前没有计算机用来玩游戏,到最后判定游戏结果时,总有人会在这些方面大做文章,提出不服,吵到后来甚至还会拳脚相加。但是对大多数玩家而言,更注重的还是好好玩游戏本身。

除此之外,计算机还有更为厉害的地方:它能够模拟出一般技术难以企及的游戏环境。比如在刚才所说的《双人网球》中,计算机决定了球在空中飞行的轨迹,球触拍或触网后的反馈以及某个玩家没能打到球后的情况。可以说,此时计算机就是网球。

没过多久,电子游戏产业便如雨后春笋般发展壮大了起来。世界各地有着创造精神和商业头脑的人们,不约而同地加入了这支逐渐庞大的队伍中,规模一度处于爆炸态势。制作电子游戏自然而然地成为程序和硬件设计师群体里最为吃香的行当之一。

要写好游戏程序,必须得解决几个你所能想象得到的、最具挑战性和乐趣的难题:要怎么才能让图形显示跟得上快节奏的游戏操作呢?没有生命的机器要如何才能胜过人脑,下得一盘好棋?在游戏过程中,提示音要怎么设定才能适时地响起来呢?在攻克难题之余，程序员们又忍不住玩上一玩——很长一段时间以来，新手程序员的第一课就是让计算机说出："你好世界！"

不论电脑系统发展处于哪个阶段，人们都对游戏制作意兴盎然。最早的电子游戏名曰"空中大战"，是由麻省理工欣厄姆学院的史蒂夫·罗素、马丁·格雷兹和韦恩·惠特南合作而成。他们3人拥有一台当时最先进的计算机——PDP-1。为了挑战这台计算机性能的极限，他们苦思冥想，准备用这台计算机搞出一个最酷的东西来，最后决定制作一款主题为"宇宙飞船战斗"的游戏。他们没有立刻着手制作，在漫长的前期准备工作之后，史蒂夫·罗素完成了游戏程序的编写，1962年游戏正式问世。在游戏中，两个以上的玩家控制屏幕中的飞船，围绕着中心点边飞边向对手发射导弹进行攻击，同时还能使用推进装置加速。距离现在，这款游戏年代已然久远，但其包含的许多元素到今日都没过时，仍体现在许多现代游戏当中：比如说游戏节奏明快；要求玩家具有快速的反应能力和空间想象力；玩家之间的竞技互动，团队模式下还考验互相配合；游戏世界是虚构出来的；等等。游戏过程中虽然不免打打杀杀，但总体体验还是十分不错的。

虽说这个史上首款电子游戏诞生之初没有什么商业动机，纯粹是出于制作者对游戏的热爱而诞生的产物，但实际上所取得的反响却远远超出预料。在这之后，营利性的电子游戏制作竞赛就此打响，即使那时游戏制作的技术还远远未到普及水准。在那个游戏制作的萌芽阶段（1971年），《银河游戏》《电脑太空》这两款游戏还是涌现了出来，姑且可以算作摸索阶段的勇敢尝试吧。

一年之后，1972年《电脑太空》的制作者诺兰·布什内尔和泰德·达布尼两人又推出了一款游戏《乒乓》。虽说之前首作未能成功，但两人没有放弃，将承载着这款新作品的主机放在加州森尼维尔市一间

How to 如何玩电子游戏
Play a Video Game

名叫Andy Capp的酒馆里进行试运营,然而刚开始没多久机器就坏了。有点抓狂的3位制作者跑去一看,原来是因为投币量太大导致主机崩溃所致。虽说主机坏了需要修理,却未能打消慕名而来的群众想满足好奇心的强烈渴望,酒馆门外长龙不减。由此可见,那时电子游戏就已经非常流行了。从《枪战》到《太空侵入者》,后来又推出了几款风靡一时的游戏,就此正式宣告了游戏厅街机时代的来临。

在那时的人们看来,能够在商场或专门用来玩游戏的游戏厅里,打打街机就可以说是壮举了,备受人们欢迎。虽说要承认,大多数玩家都是青少年,用户群体有点单一。但随着主机上摇杆、按键这些可供人随意蹂躏的操纵终端设备的诞生,玩家群体势必会慢慢覆盖全年龄段。计算机不再只是科学家使用的神秘仪器了,有了它,你可以尽情地和朋友们在《枪战》中厮杀;在《死亡赛车》里驾驶赛车大飙特飙;在《星球大战》里化身飞行员驾驶X翼战机遨游太空……我记得在20世纪80年代末的游戏厅里，充满着电动游戏带给我们的激情。那会儿还没流行租卡带回家玩，所以"游戏玩家"这个概念，指的就是只光顾游戏厅的这帮人了。之前我也提到，你可以把游戏币搁在屏幕底下表示想和陌生玩家在《街霸》里对战或者在《双截龙》里组队冲关；也可以在一边指手画脚地"教"朋友玩；或者索性做观游戏不语真君子，静静地看别人玩《宇宙刑警》的最后一关……

然而，好景不长，追溯到70年代，那时游戏厅由盛转衰的颓势也可以说已成定局：因为五六十年代的大型主机，已经渐渐显得落伍，相对地，计算机随着技术的成熟，体型日趋缩小，制作成本也不如以前那么高，已然实现个人买回自用。这是游戏时代的一个转折点——玩家从以往"信奉"着游戏厅的虔诚"信徒"，转为可以自由支配游戏的拥有者和"神"了。

How to 如何玩电子游戏
Play a Video Game

在个人电脑崛起、游戏进入千家万户的同时，人们目睹了另一个普及游戏的伟大进步：雅达利2600主机于1977年问世。尽管它并不是第一款游戏主机，但它堪称游戏爆炸式发展的开端，即使在今天余势仍存。至此，游戏主机可以连着电视机玩了。有了这种主机，便可以玩很多不同的游戏，本来在游戏厅里才能玩的游戏，这下一网打尽。当时，在游戏店里把塑料卡带租回家，插上就能玩，简直无异于小小的奇迹。电视机对人们而言，不再只是看看节目和新闻的工具，还可以用来玩上几把游戏了。

这么多年来，玩游戏的方式也经历了日新月异的变化。1987年出的我最喜欢的一款游戏《警察故事》，图形呈块状有些模糊，还要通过手打指令才能操纵角色。3年后，由同一家公司推出的《国王密使5》，不仅画质更为清晰，音效更为精良，操控方式更是变成了鼠标操作，不再是繁杂的指令输入了。这样的改变，旨在通过点击鼠标和按键，令游戏体验变得更加简洁明快，可谓意义非凡。从那时起我也感觉到，游戏从以往更注重思考和想象变得更为突显动作和刺激的元素了。现在大多数游戏都是要求玩家即时反应，不会再让人在做动作前思考该输入什么指令。

之后的几年，游戏研发愈发注重画面色彩、音频的丰富性和最为重要的3D制作了。1993年的《毁灭战士》采用了全3D制作技术，玩家要在游戏世界里全速奔跑，单枪匹马地力战入侵的恶魔。玩这种游戏，需要玩家具备快速的反应、良好的技巧、掌握一些特别的策略等。这种3D游戏的诞生，标志着电子游戏已经迈入了一个更为复杂、激烈的新领域当中。就此，3D游戏成了电子游戏的一大类别。

90年代初期起，互联网的普及又给游戏世界带来了新的变化。玩那些之前提到的诸如《毁灭战士》之类对战类游戏的玩家，可以通过互联网和世界各地的其他玩家尽情互怼。其他派别的玩家还可以在网络上经营自己创建的虚拟社区。到了90年代中期,我时年14岁,通过互联网和世界上成百上千的其他玩家玩同一款文字类游戏,其中几个还和我成了好友。我与其中一个昵称为Nai的朋友经常花上大把时间聊现实生活中的许多事情,特别是关于她恋爱的种种。虽说我们当时素未谋面,却已经聊出了很深的感情,她甚至因为要解决移民澳洲时遇到的问题,提出要借我在新西兰的家一住。记得那天我放学回到家,惊讶地发现和我相聊甚欢的Nai居然是个20多岁的大姐姐,我想她看到我这个"朋友"时,也一定讶异不已吧——居然是个还穿着短袖校服校裤的矮个子学生。但是,最多也就尴尬了半个小时,我们就恢复如初,进而谈论起她困难的现状和今后的打算。

一般来说电子游戏有个特点,就是每款游戏都有且仅有一个固定的世界,在这个世界里,你所能做的事也是受游戏本身所限制的。比方说,玩赛车游戏的话,你就是开赛车;玩射击游戏的话,你所能做的就是穿街越巷然后开枪罢了。但是电子游戏发展到现下,不得不提一款史上最饱受争议的游戏:2001年索尼PlayStation2平台上发售的《侠盗猎车手3》。我当初一玩就发现,这将是一款惊世骇俗的游戏。游戏一开始,我便立马在一个巨大的3D世界里控制起我的角色。这个世界是一个虚拟的城市:过往的行人、穿梭的车辆、鳞次栉比的商店应有尽有。我随处走动了几圈,便不禁被这款游戏无限的可能性所深深震撼。与其他游戏不同的是,玩《侠盗猎车手3》不仅是完成规定的任务而已,玩家可以遵循自身的意愿在这个世界里生活,不受普通游戏框架的拘束。在游戏中,我得以驾车自由自在地从早到晚兜风,充分享受着游戏带给我的乐趣。

现代游戏不仅在设计和复杂度上得到飞跃,画质和审美元素也获得了质的提升。可以看到,相比2011年发行的《黑色洛城》那相片级的精美画面,曾经的《空中大战》是那么简陋。现代游戏可谓层出不穷，极尽想象之能事。《造梦机器》是基于黏土动画制作的；《大神》则是以日本水墨画作为背景；《生化奇兵》的设计灵感来源于20世纪二三十年代流行的装饰和建筑风格，即装饰派艺术。还有完全通过绘画进行游戏的《蜡笔物理学》；要求玩家描绘大自然的《花》；甚至还有模拟因特网未诞生时代，通过BBS论坛交换信息来进行游戏的《数字：爱情传说》这种异类。

一些游戏还特别注重现实主义的体验。比如，在《旺达与巨像》中，玩家要操控一个普通人体形的角色，在史诗般宏大的场景里与水陆空无处不在与巨像怪进行艰苦卓绝的战斗，世界观接近真实。还有的游戏表现手法就比较抽象，比如游戏《流》中，玩家控制一只鞭节虫，通过吃各种微生物，进化到更高级别，在探索中慢慢体悟自身与这个世界更为深层次的关联。

但也不是说我们就要抛弃那些经典，一股脑儿地朝更真实、更清晰的方向发展。愿意玩经典游戏的玩家和设计这些游戏的设计师还是大有人在,并且他们永远都会致力于经典、尊重经典。于是,一款结合了经典游戏像素化画面和现代游戏宏大格局的游戏应运而生——《我的世界》。

回头看看《空中大战》,再看看现代游戏,对比之下,让人很难相信它们之间只间隔了几十年而已。现代游戏不仅画面更为精致,游戏性也变得空前复杂,游戏内容可以做得令人深深动容。《星际争霸2》这款2010年问世的大作,发行首日便斩获100多万份的销售量,首月就卖了300万份。这款游戏和《空中大战》的不同之处,不仅在于玩家人数的差别,就本质而言,它们根本不可同日而语。前者就是飞船之间的互怼,后者则着眼于描写星球之间不同文明的碰撞,它复杂的游戏性和难以穷尽的战略性使其升格为一项体育竞技。在韩国,成千上万的人会专门去赛事场馆观看职业玩家们在现场打比赛。即便如此，这些游戏还是具有共性的：它们都是由虚拟世界架构而成，需要你屏息凝神、反应迅速地进行大量的操作。电子游戏可能越变越高级了，但有一点我想是永不会变的：它永远能为玩家带来美好的体验。

互联网的崛起，不仅改变着我们的生活，也改变着电子游戏。甚至现在有的游戏能做到让玩家通过活动身体进行操作，不再像以前一样，就是动动手指了。使用移动设备像手机、平板电脑等，我们可以随时随地玩上一玩——设备虽小，但是里面承载着的却是一个崭新的世界。目前，游戏主机之间的竞争已告一段落，其中脱颖而出的有任天堂Wii、微软Xbox360以及索尼PlayStation3代。别看这些当下的佼佼者如日中天，又有谁知道什么时候业界又要变天了呢！

游戏分类

试想一下，你晃过对方最后一个后卫攻门得分，赢下世界杯；你在迷宫里被五颜六色的鬼怪追着跑，于千钧一发之际发出致命一击，打死了怪物，扭转了局势；你在乱石堆里东躲西藏躲避巨大蜘蛛怪的袭击，突然间蜘蛛怪被从天而降的落石给砸进了深坑里；你和市里一个大毒枭来了一场豪赌，准备让他赔得家都不认识；又或者，你深吸一口气，一跃而出，仅凭手上的一把铁锹就干掉两个荷枪实弹的士兵；甚至，你正犯难要不要和印度首领甘地合作，赶跑在印度边境鬼鬼祟祟的俄国人；你还可以激情地弹奏吉他，最后来一个漂亮的跪地收尾……上述的这一切都可以在游戏世界里一一实现。

如何玩电子游戏
How to Play a Video Game

电子游戏就是这样一个化不可能为可能的神奇玩意儿。在这个世界里,你完全能摆脱现实世界的种种束缚,放飞自我。你难道还真能有时间去学做世界领袖、一流吉他手或者是出色的杀手吗?电子游戏的诞生,离不开技术的使用:它们通过在种种"平台"上运行,从而以画面的形式呈现在我们面前的。你可以在诸如Xbox360这样的主机上,或者是家用电脑、手机,甚至机载小小荧幕上玩游戏。又有谁知道会不会很快就连在吐司面包上,都能玩上游戏了呢。

如果你下决心要了解电子游戏,那么首先一点你要知道,它们分门别类的工作做得十分细致,在这一点上与电影、书籍、电视节目别无二致。对于影视作品和书籍来说,"分类"这个概念往往是基于特定的审美方式和书中所述内容而定;反观电子游戏,"分类"指的则是玩的方法。如果你对某一款游戏挺在行,那么你很可能也能玩转相同"分类"的其他类似的游戏。即使具体来说，一款游戏的内容，是让一群孩子打败外星人拯救世界；而另一款的主角是中世纪的精灵族和兽族，看似毫不相关，但只要它们的"分类"一致，由于玩法相近，你就是有可能通吃。

既然你想知道哪款游戏是自己的菜，那就有必要将所有分类的游戏都体验一番。人跟人兴趣有别，比方说有些玩家喜欢饲养虚拟宠物，如小狗、小猫之类的，但是有的人却碰都不会去碰；有的人喜欢在射击游戏里尽情爆别人的头，那势必就有人对此表示反感了。

话说回来，虽然电子游戏的分类没什么官方确定的说法，但大多数游戏完全可以被分为以下几个大类：

复古街机游戏

"复古街机游戏"是指那些相对于"现代游戏"

How to 如何玩电子游戏
Play a Video Game

而言,问世时间比较久远的游戏。具体来说就是七八十年代的游戏,可能90年代的部分游戏也包含在内。它们的共性是画面比较原始,图形呈块状不够精细,这是受限于当时有限的硬件水平。比方说《吃豆子》《太空侵入者》《乒乓》还有《大金刚》都是经典的复古街机游戏。放眼当下,游戏界刮起了一阵"复古风",许多古老的复古游戏又开始备受玩家追捧。

跳台游戏

如果你喜欢控制人物又跑又跳,那跳台游戏是你的不二之选。这类游戏最具标志性的当属《超级马里奥》了。在游戏里,你扮演一个又矮又胖的水管工马里奥,玩家通过横版2D视角控制马里奥穿梭于奇幻世界过关斩将。跳台游戏总的来说,要求玩家具备准确的时间把控能力,只有跳得恰到好处,才能避开怪物的袭击,不致失足掉到坑里。尽管跳台游戏历史已经比较悠久了,却仍活力不减,新作层出不穷。比如最近新出的一款《地狱边境》(*Limbo*),主角是个小男孩,不小心陷于地狱边缘,寻求希望。游戏环境尽管残酷,却又不失精致之美,不禁令玩家深深为跳台游戏独特的魅力所打动。

冒险游戏

此类游戏要求玩家随剧情发展的同时,解决接连不断的谜题。我个人最喜欢的一款游戏是《警察故事》,玩家扮演警员桑尼·邦兹,阻止本市的一桩毒品买卖交易。在游戏中,你得开着警车四处巡逻、抓人,在警察局里做各种事情。其他的一些冒险游戏的制作框架,可能会更为脱离实际,各种设定充满想象元素。其中比较优秀的有《神秘岛》系列,玩家需要在没有任何背景知识的情况下,亲自揭秘游戏书中记载的未知世界。令人遗憾的是，冒险类游戏随着现代游戏的繁荣发展日渐式微，除却个别骨灰级制作商坚持出作品外，总体而言已乏人问津。希望此类游戏不要真的淡出玩家的视野才好。

动作游戏

谈及电子游戏，恐怕大多数人都会不约而同地想到这类游戏吧。大多数动作游戏需要玩家舞枪弄剑、横冲直撞，最后拯救世界。有的游戏纯粹只是打打杀杀，根本没什么明确的主题可言。比起其他类别的游戏，动作游戏要求玩家具有快速的反应力以及良好的空间意识。动作游戏最出名的一个分支就是第一人称射击游戏，游戏中，玩家的视角便是所控制角色的视角，模拟真实状态下的瞄准和射击。最经典的当属《半条命》和其续作《半条命2》了，玩家扮演一位麻省理工出身的核物理学家，与外星人入侵势力火拼。

策略游戏

玩这种游戏的都是喜欢动脑筋的人啦。游戏中,玩家既需要放眼长远,又要对眼下紧急态势做出正确的判断。策略游戏的具体分类要看它是回合制的(每一步都有足够时间思考)还是即时的(必须立时做出判断)。拿回合制游戏鼻祖《文明》举例,玩家通过外交、科学文化进步或者战争手段建立自己的国家,跻身世界强国之列。即时策略类游戏的佼佼者《星际争霸》则不同,游戏架构于科幻世界,玩家通过不同种族之间惨绝的战斗来决出胜负。

角色扮演游戏

最初角色扮演游戏(即RPG)是通过纸笔进行

的，比如《龙与地下城》，基于这种游戏方式也延伸出了类似的电子游戏。RPG的故事背景往往关于史诗冒险，玩家扮演一个或多个角色进行游戏。RPG有着精细的故事情节和世界观，人物具有能力数值。此外不同人物具备不同的天赋和特性，这些条条框框的东西简直让人眼花缭乱：力量、智力、魅力的数值啦，人物是否具备开锁能力、运动能力甚至隐形能力等，这些全都通过数值高低决定强弱。RPG游戏的经典莫过于《最终幻想》系列了，这个系列在玩家群体里口碑极佳，甚至被改编成了一部又一部的电影作品。RPG游戏最吸引人的一点就是，玩家得到足够经验后便能"升级"，也就是说人物各项数值都有一定的提升，从而变得更强。频繁的"升级"能让玩家一次又一次地得到惊喜。一般RPG游戏是回合制的，你打对手一下，然后轮到对手回合就乖乖等着被攻击吧。

大型多人在线角色扮演游戏

顾名思义，说的就是成百上千的玩家，同时同地在线玩RPG游戏。截至我写这本书时，此类游戏中最火、最出名的非《魔兽世界》莫属了，玩家人数高达500多万。这种游戏之所以引人入胜，很重要的一个原因就是能够和其他人组队——你可以和朋友一起玩，或者在玩游戏时结交新朋友。和现实世界喝喝茶聊聊天的社交方式不同，在游戏里要做的是和朋友合力干掉一条巨龙。

模拟游戏

其实从某种意义上来讲，绝大多数的游戏都可以归在模拟游戏里，因为这些游戏的内容都与现实相关。你足不出户便能模拟一切你本来在户外才能做的事情：开火车、逛城市、开飞机、玩过山车，甚至还能开公交车。然而,最终极的"模拟",不管是从游戏本身来说还是就玩家数量而言,都要数《模拟人生》了,现在都已经开发到第三代了。这款游戏完美再现了日常生活里可能发生的一切:买房、找工作、成家、生子等,只有想不到的没有做不到的。你想不想在游戏里做顿午饭或看个电视或做个体操?都是可以的,还和现实里一样会生老病死。这可能听上去有点不可思议,甚至有些怪是吧?但《模拟人生》作为最畅销的电脑游戏,它风靡世界的理由显而易见:又有什么能比模拟人类本身的行为更加让人着迷呢?

体育游戏

世上你能想到的一切体育项目都有游戏版吧。就连草地滚球这种偏门的贵族运动,都有游戏版,你一定没想到吧。高空摩托、田径、游泳、跳水、掷棒之类应有尽有,甚至孟加拉国国民运动"卡巴迪"，都能在游戏世界里得到再现，这个游戏的规则跟"老鹰捉小鸡"差不多，需要通过疯狂地奔跑避开对手。体育游戏的意义便是能让体育爱好者们不必像现实中的运动员们一样倾其一生进行枯燥的训练，便可尽享在高等级赛事中拼搏所带来的荣光。

派对游戏

21世纪的科学技术之先进，已使多人同时同地玩同一款游戏变得可能。如果你不介意，你和朋友们完全可以在电视机边纵情热舞、演奏"塑料"吉他，或来一场高尔夫球比赛。可以在《吉他英雄》《摇滚乐团》之类的音乐游戏里组建一支炫酷的摇滚乐队；还能舞动泡沫材质的"运动器材"，在《Wii运动：度假胜地》中与朋友进行体育竞技，一较高下。还有《瓦里奥制造：手舞足蹈》这样的异类，也十分好玩，里面有许多独立的小游戏，比如和小狗击掌或者驾驶纸飞机等。

休闲游戏

大多数游戏的制作都面向明确的玩家群体,有着稳定的市场,但还有一部分玩家没这么把玩游戏当回事,或者游戏时间有限。于是休闲游戏便应运而生——简简单单却叫人上瘾。比方说《宝石迷阵》,这款游戏要求玩家眼疾手快,配对同色宝石进行消除。另外一款大名鼎鼎的经典游戏《俄罗斯方块》你一定听说过,玩家将各种方块排列成行消除得分。网上这类游戏数以百万计,你可以下载下来随便玩,所以赶紧玩起来吧!

游戏任务

这段文字是《侠盗猎车手4》里雷·博齐诺对玩家的文字指示："去位于哥伦布和丹佛之间的地点F,在那儿有辆卡车等着你。车上有3个人,都是我的朋友。领头的那个名叫卢卡。"在你游戏时,时不时会有提示语弹出,提示你为取得游戏胜利的下一步具体行动。当它提示"去驾驶垃圾车",你便乖乖走向路边停着的垃圾车;当提示"上车",你仍旧照做,虽说好像有些多余……然后,你又收到指示:"开去第一个钻石抢劫点""等着都拿和约翰尼抢完钻石"……这俩货就是你要负责帮他们望风的共犯。最后"打开垃圾车,装入赃物"。

是的,游戏里这种提示语如影随形无处不在,根据提示,甚至连自己该在什么时候起跳,跳得多

How to Play a Video Game 如何玩电子游戏

高都了然于胸,这种感觉有点像电影《生死时速》和《火线狙击》里那种主角受到无形钳制的压迫感。虽说如此,但不失乐趣:你玩游戏的感觉就像当电影明星拍大片似的,做的事情都非常戏剧化且十分具有挑战性。

上述这些提示类信息就是《侠盗猎车手4》中的"任务"。任务这一元素在许多电子游戏里都很常见,相当多的游戏进程是靠完成任务来推动的。像《侠盗猎车手4》这种犯罪类的游戏,任务无非是"开车、杀人、抢劫、逃跑"这种模式。其他游戏里的任务可能会有营救公主、寻找干净水源、收集宝石之类的。

这种要求玩家做"正确"的事的游戏模式,哪怕在玩电子游戏之外的游戏,也很常见:玩《大富翁》玩家要掷骰子、走子、造房子;踢球你得不停传球、带球直到攻门得分。然而电子游戏是在电脑上玩的,比之于现实游戏,玩家的行为的判定标准更为严苛，甚至说死板——玩家在游戏时很容易就能感觉到。"开关""对错""输赢"这些的判定都是绝对的，无可辩驳申诉。每当你玩输了，本来就心情不好，这时画面上"任务失败""游戏结束"这类的字眼，会前所未有地让人感到挫败。你开始觉得，电子游戏制作的宗旨是不是就是不想让你赢？每当你取得一点进步，后面总有数不尽的难关让你绝望。一旦有了这种消极的念头，不免就陷入了恶性循环：会觉得自己打个网球游戏都要输，游戏里都要被炒鱿鱼，老婆要跟着隔壁老王跑路，养的小狗居然也要死了……有时候光是想想就有点想打退堂鼓，于是连玩个游戏都不敢了，就是因为自己太把游戏结果当真。

其实，这些都是因为你想得太多了。也只有那些职业玩家玩游戏才会产生一定的风险。如果你不幸身陷太在乎结果的怪圈，那我可要提醒你：别傻了，咱们就是在玩玩游戏啊！按我说的做吧，包你

"药到病除":比方说玩《侠盗猎车手4》是吧,当提示让你"去第二个钻石抢劫点",去他的,你完全可以跑得远远的啊,在游戏世界洒洒脱脱做回你自己。听听电台里的爵士音乐,开开车,沿途慢慢思索接下来要做什么。

你开到了游戏中的中央公园里,在林荫道上开着那辆垃圾车,小心翼翼地绕过过往行人。这时你不禁想做点好玩的事:你把车开进公园湖里,淹没半个车身。车子泡在水中,音乐变得模糊不清了,整个画面说不出来的怪异。你在湖里又开了会儿,然后向湖边的路人狂按喇叭。路人不禁驻足侧目,惊讶于这荒诞的一幕……

所以说,在电子游戏世界里,你可以前脚还在执行犯罪计划,后脚就在制造"水陆两栖"的爵士乐卡车了……现代游戏诚然有其局限性,但包含更多的则是机会和灵感,这种无限的可能性让你能游离主线、探索未知。拿《大富翁》来说,如果玩得太溜，则有可能被对手们"群起而攻之"，玩电子游戏就没这回事了，越是触碰游戏的底线，开发者就越高兴。再看《侠盗猎车手4》，你不是非得按部就班循规蹈矩地玩，完全可以随心所欲，探索曼哈顿的大街小巷，和火车竞速看谁先驶出小镇，或者驱车飞渡小河。也不是说做出这些行为的动机完全是出于你的主观能动性，其实吧，做游戏的人挺希望有人这么狂放不羁地干的，因为他们创造这个虚拟世界的目的，就是想让玩家进行探索和实验。

所以，玩电子游戏一般有这么两种玩法：第一，按照提示按部就班地玩，达成游戏要求的目标；第二，就是随性而"玩"，在游戏世界做自己想做的事。这种"我的世界我做主"的游戏方式，可谓意义非凡，甚至是一种革命性的进步——玩家从此真正地在"玩"游戏，而不是被游戏玩。虽然我们依旧无法违拗游戏最基本的框架，但总的来说已经可以当家做主了。你想营救公主、拯救世界于水火吗？可以！只想开开车兜兜风？也完全可以！这种快意人生的游戏方式，就像小时候自己发明游戏规则自己定一样随性。

无论你是按部就班还是率性而为，都是符合人性的：我们既想完成既定任务，成为游戏赢家，又不想失去跳脱规则束缚、目标制约，快意恩仇。在同一个游戏世界里，两者皆成为可能。比如在《模拟人生3》里，我们可以实验让角色在电视机前跳多少次健身操，他才会罢手（率性而为）；或者盯上富有的邻居，精心策划把妹或者撩汉计划，并付诸行动（完成任务）。《半条命2》中，我们可以像游戏要求的那样拯救世界（完成任务）；或者把一盆仙人掌搁在别人的脑袋上，保持平衡不掉下来，这远比你想象中的难哟（率性而为）……

如果想靠游戏体验成功的快感，当然可以，特别是在玩体育类游戏时，更容易体验到最直接的成功快感。叙事类的游戏更加有趣哟。一般像玩《辐射

3》这种做任务的游戏，往往背景故事比较夸张，无非是要你单枪匹马拯救世界。在《模拟人生3》里，要是顺着游戏任务的导向一点点玩，你最后总能"干一番事业""娶妻成家""过上幸福的生活"，没跑的。

现在，你玩游戏时所取得的成就，不再是只能供你自己一人"孤芳自赏"了，你的朋友也会收到你解锁某项成就的提示。比方说，成功使用3次冰系魔法啊，落后情况下绝地反击赢得某场比赛啊，找全了合成黄金护甲的所有碎片，等等。你朋友的游戏界面上时常会自动弹出这些彰显你游戏成就的相关信息，并且会伴随着"叮——叮——"响的提示音。

对于那些刚入"坑"不久的新手玩家来说，有一点必须在一开始就明确：永远不要忘记玩游戏的初衷，你玩游戏可是为了让自己开心的。这一点等你在游戏里初尝任务成功的喜悦，变成老手之后显得尤为重要，须得铭记于心才是。当你放下一款游戏，转战另一款时，你要告诉自己：我是为玩而玩，不要仅满足于跑一遍流程，像台机器一样。

玩电子游戏最有趣的一环，可能就是你要采取各种各样的行动。许多游戏玩家普遍遵循这样一条黄金法则：能做就要做。玩家群体中甚至都达成了一种道德上的共识，或者说默契：只有想不到，没有做不到。比如你在游戏世界里，完全可以驾驶直升机飞到达最高空，然后"唰"地一下跳下来，落进一片湖水里去，当然着陆点也可以是游泳池、澡盆之类的地方。那么，为什么咱们可以这么任性呢？还不是因为你玩的是游戏，可以"为所欲为"。就像在现实生活里，无论你有多渴望挨家挨户打开房门"探索"一番都是不行的，因为这是犯法的，但是在游戏世界里满足一下自己的好奇心，又有何不可呢？

如此行为也不完全是因为你想做才去做的，归根结底，是游戏设计师的"鼓励"使然。你在玩游戏的同时也是在和设计师进行一种精神上的对话。每每你尝试着做些"新事情"，比如把一个垃圾箱推下小山坡、在行驶的列车上骑自行车……这些出人意料的行为等于在问设计师：我这么做行吗？而设计师的回答往往在游戏里便能得到反馈。

值得一提的是，游戏里有时会有"彩蛋"出现，这是指那些按照正常情况下不太容易出现在游戏中的小情节、小片段，是游戏设计师与玩家直接交流沟通的一种方式。玩家或碰巧走运，通过坚持不懈地狂刷某个场景，才能发现这些设置得比较隐秘的"彩蛋"。举个例子，我儿时最喜欢一款名叫《黑暗城堡》的游戏，12月25日那天你会发现游戏里的一个房间里赫然摆着一棵圣诞树，其他日子便没有。之前提到的《侠盗猎车手4》里也有好几处隐藏细节，其中最诡异的要数我曾发现自由女神像里居然有颗跳动不已的心脏……

所谓物极必反，要是在游戏过程中老想着要整些"新奇"的东西，那很有可能会碌碌无为。你可

How to 如何玩电子游戏
Play a Video Game

以不断尝试让你的车空翻1 080度然后落在热狗摊顶上，但这又有啥意思呢？虽说在游戏世界可以将"为所欲为"看作一种创举，但玩的次数多了，这份新意也不免落入极其无聊的境地。所以说，玩游戏还是少不了循规蹈矩地做一些任务之类的换换口味：拯救女孩、拯救城市、拯救世界什么的。一旦玩腻了之后，继续为所欲为吧。就这样变来变去地玩，其乐无穷，这就是电子游戏的乐趣所在。

游戏操控

以下对话为真实场景:

"嗯对了,你现在玩的是那个胡子拉碴的牛仔。"

"就这人?"

"对啦。左手边的摇杆控制移动。"

"这样吗?"

"对啦,不错。右手边的摇杆是负责移动视角的,可以到处看。"

"这样?"

"对啦。"

我的叔叔约翰曾说他喜欢一款西部风格的游戏《荒野大镖客:救赎》,游戏围绕着一个名叫约翰·马

如何玩电子游戏
How to Play a Video Game

斯顿的牛仔展开。这里我想明确地指出：我叔叔没有以常规方式玩这款游戏。虽说每个玩家都希望自己既然玩了游戏就要玩好，但往往事与愿违。叔叔玩法的最终效果我先卖个关子，暂且不表。

我叔叔玩这款游戏用的是Xbox360手柄。只见他摇动摇杆，控制主角在屏幕中左右奔走，正努力地熟悉游戏操作呢！这里要说的是，游戏操作是玩好游戏基础中的基础——你通过操作发出指令，再观察游戏人物在另一端的屏幕上会做出何种反应。在游戏世界的各种不同场景做出相应的动作这一点本身，就是玩游戏的一大乐趣。通过激烈的操作，将自己的想法在游戏中重现出来，是很有快感的。

于是，学习使用游戏手柄作为依托，或者说"思想的延伸"进行游戏操作，就很有必要了，比如像叔叔那样经历一种熟悉、摸索的阶段。这个学习的过程是费时费力的。刚才提到的Xbox360手柄上有两支摇杆和多达18个按键，其他种类的手柄也好不到哪去。一些用鼠标键盘玩的PC游戏也得操作10个以上的键盘按键，鼠标上也需要点击3个或以上的按钮，外加使用滚轮才能玩得起来。

你大概会问：《吃豆子》这种不用按键的游戏我又怎么说？在那个远古的年代，许多电子游戏的确不需要用按键就能玩。玩《吃豆子》你只需一根摇杆，便可控制小人在迷宫里东游西走了，简单粗暴，但是耐玩。也难怪那时在游戏厅里玩这个游戏的玩家们，每当玩到忘情处就要大吼大叫，甚至脚踢主机以发泄情绪。但是这种游戏毕竟有局限之处，比如你没法像在现代游戏里打棒球、做三明治、坐直升机什么的，做体验度更为真实的事情。现在技术这么发达，难怪设计师们孜孜以求地不断刷新游戏制作的新的可能。在这个大背景下，游戏变得更加复杂、精细，能够还原更多现实生活中的真实体验。从以前走走迷宫到跳台游戏《超级马里奥》的诞生，再到《侠盗猎车手4》这种模拟真实城市的神奇游

How to 如何玩电子游戏
Play a Video Game

戏,沧海桑田的演变,见证了游戏史的进化,游戏操作也随之变得复杂。于是,游戏控制手段的精细化也成了板上钉钉不得不做的一项课题——手柄上按键数增加,再多配一些其他配件增强操控。随着3D游戏的新兴,游戏外设的花样更加多了。

我这么一说,你是不是觉得用手柄什么的玩游戏很难啊?没有的事,这和学习使用其他新工具的难度差不多。举个例子,假设你会开车,那么游戏手柄用起来难度是相仿的。但是,没学过开车的人,第一次学开车的时候,看到方向盘、变速器、离合器、油门、刹车、雨刷等,这些林林总总的东西一股脑地摆在自己面前,一定很晕吧!但是一旦学会,开车什么的就不在话下了,完全成了身体的一种本能,不必刻意去思考。学着用手柄也是同理,习惯就好。

我们再继续说叔叔约翰,后来他摸索了一阵,就能很好地使用拇指摇杆控制人物走动了,全无刚开始时左支右绌的情形。只见他操作左手摇杆，控制人物走进一片浅浅的小溪当中，接着又用右手摇杆控制视角看到头顶一飞而过的鸟儿，熟练地移动画面跟进。突然他听见一声尖厉的咆哮，被吓了一下，我告诉他这是怪物之中最厉害的美洲狮，于是他问我该怎么用枪自卫。我告诉他用左耳朵键瞄准，右耳朵键射击。之后他就没再问我别的，最后靠自己成功干掉了那头美洲狮。

他又继续寻觅新的事件。他按了"上"键召唤出一匹马，骑上去按下"A"键，沿着满是灰尘的小道先是慢慢走，后又策马快跑起来。还一直没事就按左耳朵键，举起左轮手枪开启瞄准，转动右手摇杆把枪指来指去。这时，游戏里迎面走来一个野生的乘马客，他又按下"B"键打了个招呼。在不到一刻钟的时间里，他想去哪就去哪，想看什么就看什么，向路人脱帽致意，好好地体验了一把游戏世界。这个例子道出了玩游戏很重要的一点：别太担心会把游戏玩"坏"。

How to 如何玩电子游戏
Play a Video Game

就像你用微软的文字处理软件写东西时,哪怕你挨个儿把每个键都瞎按一气,软件本身都不会做出任何主观的反应。电子游戏本身也根本不在意你是怎么瞎操作的——你按下按键,跳啊、爬啊、潜水啊、举头望月……游戏里的人物做出相应的动作,仅此而已,放心挨个儿去尝试就是了。

想骑那匹栗色的雄马?花点时间学习操作,你就可以。熟悉操作后,还能骑着马到小镇上的酒吧来上一杯。此时,这些操作对你来说早已熟练至极,按键位置烂熟于心,不必再用眼睛去看了。一旦你熟习了一款游戏、一款手柄之后,便会欲罢不能地想再去玩其他游戏。比如当你掌握《荒野大镖客》后,其他类似的以反乌托邦荒地或者以20世纪40年代洛杉矶为背景的游戏,也完全上得了手。大多数游戏设计师在制作游戏之初都很希望能解释清楚游戏玩法,他们会通过各种媒介和渠道提供游戏教程、指导和说明之类,希望你在熟悉玩法后,能主宰自己的游戏世界。

游戏开发者并不仅仅满足于传统的按键、摇杆式的手柄，他们一直以来追求的其实是更为"直接"的操控方式。于是，体感游戏便应运而生——玩游戏时，通过肢体运动来控制你在游戏中的行为。比如在网球游戏中，假装自己手上执有球拍一样挥动胳膊；想摸摸游戏里猫的头，你把手伸出去做做样子就行了；要是想跨过游戏里的障碍物，你蹦一下就好。这种体感游戏的主机主要包括任天堂Wii、索尼PlayStation Move和微软Kinect，它们的问世，改变了人们对游戏方式的传统认识。这种靠肢体运动进行游戏的崭新玩法，在很多层面上来讲都是十分棒的，最显而易见的一点就是从此游戏的响应速度变得更加即时，代入感更强。然而，最值得称道的原因并不仅在此。当我们还是孩子的时候，是不是经常徜徉在想象的世界里，做各种各样现在看起来不免令人捧腹的"傻事"呢？比如会把一个罐头当

How to Play a Video Game 如何玩电子游戏

作足球，一路踢着走；拿个棒子当作宝剑，挥个不停……成年后，由于想象力的消退或者是害羞，这种童真的行径，便永远成为了历史。平时也就在做运动的时候能抒发一下自己狂野的一面，平常都会老老实实、安安静静的。现在有了体感游戏，境况便大不相同，不仅多了一个做回真我的方式，更厉害的是，还能跟朋友一起玩，增进感情。

在PlayStation Move体感游戏《暴雨》中，玩家通过肢体操作，可以做出开门、喝咖啡等动作或者赶跑坏人保护儿子等行为，与在现实世界中没什么太大分别；用微软Kinect手柄则可以在《Kinect动物养成》里控制虚拟的孟加拉虎耍球玩；在《Wii运动》中，几个人可以同时参加老年保龄球联盟，决一胜负。虽说现在还不能完全说按键的手柄已经过时了，但是，我觉得既然这种新式的体感玩法玩起来这么惬意、轻松而且好玩，干吗又要费力气适应普通的手柄呢？

体感玩法是先进没错，但是按键手柄与其相比，还是不乏其独到之处的。在玩体感游戏时，你把遥控装置挥来挥去的确很好玩，但是能做的动作还是有限的，身体的运动能力是有极限的。假设你要在游戏里连续不停地在好几栋建筑物上跳来跳去，那费的功夫可大呢！用传统按键手柄就没有这些限制了，随便你怎么跳，只要动动手指就行了。

另外还有一点就是，玩体感游戏时，你还是有余力能在现实世界分散一些注意力的。比如在客厅打虚拟网球时，你完全可以边玩边和朋友调笑；但用传统玩法玩时，就没这个闲暇了，你也没什么理由去和旁人交流，毕竟两者是完全不相关的。玩体感游戏时你可能要注意自己别绊倒房间里的宠物猫；用普通手柄玩就不一样，你是全身心地投入在游戏里的，不能受外界环境的打扰。这种专心致志的状态可能会让你收获更为独特的体验。

另一个"你"

你的眼前一片漆黑，耳边幽幽响起怪异的音乐。这时，一个声音唤道："起床喜洋洋，弗里曼先生，起床喜洋洋……"画面上，你看见一张饱经风霜的糙脸正对着你。这人身后，满是奇怪又富有未来感的机械设施，并伴有白光闪耀。

"英雄生不逢时，亦能改变世界。所以快醒醒吧，弗里曼先生，闻闻这片灰烬的臭味。"他又说道。

突然间喇叭一声响，那张糙脸便渐渐隐去，你发现自己正置身于一辆开动的火车上。随后火车停靠在一座灰色城市的站台边。此时音乐停了下来。在火车停下来的同时，你边上一个人说道："好了，到站了。"厢门打开，除了你以外所有人都下了车。

等等，那个神秘男子是谁？我怎么在火车上？这是哪?发生什么了?我又该怎么做?……

　　这是《半条命2》的开场情节,当游戏开始时,玩家控制一个身处火车车厢里的人物。这一下子可能会让你有点手足无措,很像电视剧《时空怪客》里面每过一个礼拜就拥有新身体的主人公山姆·贝克特,有时是单身母亲,有时又成了大学里的体育明星,一言不合就变成其他人了。在游戏中,你控制的角色就是你的"替身","替身"就是游戏中的你。

　　你刚点开游戏时是这样的:先要看一些开场动画,然后等画面加载。完毕后,就从一个的看客的身份转换成游戏中代表了你的替身了。刚才不是说火车厢门开了吗,接下去就要走出去开始游戏。

　　游戏玩多后就会发现,这种主、客之间的陡然变化,不就是玩游戏最大的乐趣之一吗?漫长的等待后,迎来的是终于可以一展身手的畅快。

　　马上你面临的是一个虽然简单却至关重要的问题:我现在扮演的角色是谁?在《半条命2》中你扮演

的是戈登·弗里曼博士，一个麻省理工出身的理论物理学家。他最近正在一个叫作黑山基地的绝密实验室里工作。在前作《半条命》里提到，弗里曼博士为了求生，与外星侵略者做了艰苦卓绝的抗争，最后拯救了世界。但这一点在游戏刚开始的时候，你无从预见。你可能没玩过前作，这丝毫不影响你玩这款续作。

很多游戏其实都一样，刚开始时都有点两眼一抹黑。即使你知道你的替身叫什么、它的背景故事是什么，哪怕连游戏目标都了然于胸，但依旧免不了必须通过游戏过程，来全面认识这个游戏中的新的"自己"。刚开始游戏那会儿，这个探索自身的过程是很有意思的。

接下去你要问了：该怎么探索呢？电子游戏的核心是动作元素，了解替身特性的第一步就是要知道它能做点什么。于是，在游戏中，你控制角色下火车，看一下车站的样子，四处跑跑。你甚至可以试着往保安身上丢罐头然后掉头就跑,结果就是被追上吃一棍子,你只好恨恨地瞪着他。虽说你没法真的在游戏里做出"恨恨地瞪"的动作,但心里可以这么想啊,不是吗?

还记得我先前提到的"游戏精神"吗?在游戏初期,请贯彻这种精神吧。把手柄上每个按钮都挨个按个遍,抑或纵情挥舞手上的体感游戏遥控器,看看替身会不会做出相应的跳啊、射击啊、把花盆扔出窗外啊、刷碗啊之类的动作。具体做什么,当然还要看你玩的是什么游戏咯。千万别客气,游戏里那些NPC并不会对你那些抽风行为有所反应:毕竟你的游戏你做主,这些虚拟假人,说白了都是在那里装大树的陪衬罢了。

这样试了个遍后,你终于对替身的特性和能力了解了个大概。《半条命2》的弗里曼博士可以做出观看四周、走、跑、匍匐的动作,还有捡拾、扔出物品、使用各种武器的能力。从某种意义上来讲,这些能力表明了"他是谁"——像弗里曼博士这种能跑、能看、能扔、能开枪的角色，是许多军事题材游戏都会采用的样板式主角。相比之下，《模拟人生》这种游戏的区别就比较大了，各项能力大不相同。比方说，游戏里的人物可以聊天、在感恩节上做一顿火鸡，或者通过天文望远镜看星星。

要了解你的替身，还有另一个直观的方法就是观察它的外貌。《半条命2》由于是以第一人称视角进行游戏的，一般看不到自己所操控的弗里曼长什么样子。这就导致了游戏中你在开门时，从画面看上去不是用手打开的，而是门自己开的，像被"意念"控制的一样……使用武器时就相对好一点，至少能看到举着枪或者提着铁锹的手。这种看似不符合实际的现象，其实也道出了弗里曼的一些特性，还有本款游戏的类型：这是一款动作游戏——射击类动作游戏。再看其他第三人称视角的游戏，由于替身全貌都暴露在你眼底，观察起来就容易多了——《吃豆人》的主角是长着一只眼睛和一张嘴巴的小黄球;《荒野大镖客》的约翰·马斯顿是个面如刀削、布满疤痕、目光如炬的男子;《战神》里的奎多斯则是个光头,他肌肉虬结,总是一副怒不可遏的神情。

上述这些替身,光靠看就能辨别出其特性、能力如何:吃豆人张着大嘴肯定是个吃货;马斯顿则是个用拳头解决问题的汉子;奎多斯狂暴易怒、喜欢破坏,天不怕地不怕。虽说游戏里不能完全以貌取人,但外表是一项比较核心的指标,这一点不容置疑,大多数时候替身的外表如何,已经说明了一切。所以我自己不会去玩《古墓丽影》这样的游戏,女主角劳拉·克劳馥是个辣妹的形象,身材被塑造得火爆得不行,太过刻意去迎合大多数男性玩家的"口味"了。在我看来,这种人设有点性别歧视,反倒是掩盖了游戏本身探索古墓的主题。

一些游戏中,替身的外表和能力是不能变化的,比方说蓄着一小撮山羊胡,戴着一副厚重的全框眼镜的戈登·弗里曼。虽然在游戏进行时,你瞧不见他的样子,原因刚才提到过。他永远都是用特定的枪和铁锹做任务,贯穿整个游戏过程。另外一些游戏替身的可塑性就强多了,不同玩家在一开始,就可以将各自心目中的替身"设计"得完全不同——上到鼻子的下垂程度,下到性别和持物能力,林林总总的详细参数都可以照自己喜好定夺。

这种开放式设计的游戏设定不一定就是好事,在设计时可能感到左也不是右也不是,不知如何是好。特别是当你所做的决定会影响到后续的游戏进程时,更是如此。毕竟你不一定清楚要设计成什么样,才能在之后的游戏里玩得顺风顺水。撇去这些都不谈,甚至都不知道自己喜欢的到底是个怎样的人物。我在玩《辐射3》时,一上来要我决定人物的发色、发型、肤色,还有智力以及力量的数值分配,这对我来说简直难啊!四肢发达头脑简单也不是,弄成智力卓异的软脚虾也不妥,左右为难。但是随后我就清醒过来：我只是在玩游戏而已，又不是要做人生重大抉择，就算调成个聪明的软脚虾又有何妨？

游戏乐趣的一部分体现在你可以通过替身来表现自己。并不是说你就真的就成了游戏里的戈登·弗里曼了，你依旧还是自己本身，是按照自身意愿控制角色行为的。由于游戏的动作池是有限的，你只能做出走动、击打、射击之类的基本动作，意愿的"表达"可能会受限。但是只要有心，一样能玩出各种花样。我本人把弗里曼当作一个"和平主义者"（其实就是避战分子而已）来玩的，虽说这有点不符合游戏的主旨。这种"不抵抗"态度直接导致许多自己人在枪林弹雨中纷纷牺牲……我想说，就算是这样，总算是坚持贯彻了自己所定的原则，我绝不后悔！去他的！我玩游戏就图个乐，有问题吗？

话说回来，操作余地越大的话，在游戏中的表现力就越丰富，这一点还是没错的。像《模拟人生》这类游戏，游戏目的是要玩家慢慢让替身过出像样的生活来，于是在这种游戏里，选择的余地就大得多了。既可以往登徒子的方向发展，争取和追求更多的女性；又可以做一个重度洁癖者，把每个角落都弄得干干净净；或是当个手段高明的偷猫高手……都是你自己说了算。类似地，在《神鬼寓言》这款革命性的创新角色扮演冒险游戏里，你更是可以自由选择到底是当个头顶光环的大英雄，还是长着恶魔之角的大坏蛋；还可以决定自己是穿闪闪发光的金色铠甲，还是花边裙子；也可以随你喜好，在游戏中刚把自己塑造成比阿诺德·施瓦辛格更甚的肌肉壮男，或者是瘦骨嶙峋的芦柴棒……变成哪副模样，完全取决你在游戏中的表现。我本人设计的是一个坏人阵营的女性角色，头上的角尖头朝下，喜欢偷东西。

这之后你大概又要问了：那我和自己的游戏替身之间到底有啥联系？当然有关系了，你的意愿和冲动

如何玩电子游戏

在游戏世界里都是靠替身得以表现出来的;而替身在游戏里能不能生存下来,并得到补给从而拯救世界,都要看你操作得好不好。

关键要看你如何看待这层关系了。比如我在玩弗里曼的时候,就仅仅把他当作一个白板式的"工具"。我的一个朋友就不是这样,弗里曼对他而言是最喜欢的游戏角色,因为他不会说话没有既成形象,不会影响游戏时的代入感。就因为这样,他感觉自己完全化身为主角,不会像很多其他游戏里的角色那样,突然冒出一句蠢话煞了风景。《合金装备》里的索利德·斯内克有句台词:"在战场上,很容易忘记什么是罪恶。"谢谢你斯内克,求你别再发表这种言论了好吗?听了很烦。

所以说,有时候玩家和替身之间的联系也并非那么密切。甚至会觉得,弗里曼目睹了这么多人哭天喊地,惧怕世界末日的降临,难道就不该表示些什么吗?但是他就是这么一个不动声色心如止水的男人。这其实还不算什么，这种玩家和游戏角色个性表现不一致的情况，往往由于水平原因，玩家把角色玩糟的时候会显得倍加尴尬。以前在玩《镜之边缘》这款跑酷类的游戏时，为了控制好女主角"绯斯"，可真把我折腾得七荤八素。"绯斯"在游戏里本应该是个迅捷无俦、飞檐走壁、身姿优雅的女侠，我玩起来却总是撞到墙，或是直挺挺地从高楼上掉下来摔死。呵呵……

我不禁要问自己一个有些形而上学的问题了：如果我的替身在游戏里死了，会怎么样？比方说在玩《半条命2》时戈登·弗里曼在枪林弹雨中被打成筛子；吃豆人被幽灵抓到而死；《模拟人生》中的角色烧饭时用料选择错误不幸发生火灾，被活活烧死……

所幸这种"死亡"并不是一切的终结，电子游戏的魅力之一就是，死亡是暂时性的。就像用微软文字处理软件编辑文档时，我们可以用Ctrl+Z的组合键撤销错误操作一样，游戏里的错误，我们也可以翻悔重来。比方说通过重新读档，可以避开之前所犯的致命错误再试一次。所谓"吃一堑长一智"，下次重玩《半条命2》，别人向我射击的时候我要躲在墙后；玩《吃豆人》时争取逃离幽灵的追杀；下次在《模拟人生》中做饭时要选对用料，提升厨艺……这就好像你的替身脑海中清楚，平行世界发生过的导致悲剧的一切可能性。说到时光倒流，不得不提《时空幻境》和《波斯王子》之类的游戏，这些游戏的精髓玩法就是要翻悔重来改变历史。

一般你在游戏里死了后，会看到黑屏、白屏或者红屏之类的画面。这时你可以任意点击按键读个档，或者干脆就等着。不一会儿你又活过来了——你的弗里曼又睁开眼睛了；吃豆人又像没事人似的准备开启新一轮的饕餮之旅；《模拟人生》的人物又摩拳擦掌要下厨房了，好了伤疤忘了疼。恭喜你，你的替身又活过来啦！

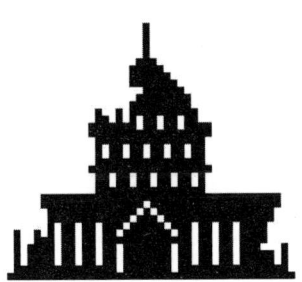

游戏世界

你沿着一条满是尘土的隧道，准备去外面的世界。这是在101号核辐射避难所生活许多年后第一次重见天日。在避难所生活真的把人憋坏了：在一起的永远就是那几个人，一成不变的室内布局，总是在同一个食堂吃饭，整个儿学校就是一个房间。因此，当看到天花板上的木栅栏缝里透射进来几丝微光时，你忍不住爬上去破栏而出。阳光令人目眩，满眼黄土。

你惴惴不安地往外走出几步，爬上一块裸露在外的岩石四处观望，映入眼帘的是，首次得以目睹的浩渺苍穹。只见天地向外延伸，不见尽头，举目皆是断壁残垣、破屋碎瓦，早就被废弃的供电缆线散落一地——欢迎来到"废土首都"，曾经的华盛顿特区繁华不再，已是这番满目疮痍的景象。撇去场景破败不堪不说，光是宏大的气魄就刻意对玩家产生足够的吸引力。

上述场景来自动作RPG游戏《辐射3》。游戏中，里外世界的鲜明对比带来的强烈冲击，是我对电子游戏最难忘的体验之一。这款游戏包含了一个很多新老游戏都有的重要元素：尽量让玩家置身于游戏空间之中，从而体验虚拟世界带给玩家的无限可能性。不管具体是户外的宽广世界、地底建筑里，还是在城市规模的宇宙飞船之中，这份由虚拟空间赋予的人与游戏的关联都是很迷人的。

从最早的文字类游戏《巨洞冒险》和画面原始的《空中大战》开始，游戏便提供给玩家一方充满想象力的虚构世界。在游戏世界里，我们可以居住其中，探索未知，这是电影和书籍所做不到的。虽然《辐射3》还是跳脱不出拯救世界的套路，但是据不完全统计，在我游戏的80多个钟头里，大多时间都是在游戏世界里瞎晃悠,没有任何目的性,就只是待在里面,想着去搜遍每个角落。

但不是所有游戏都有浩大的虚拟世界。像《俄罗斯方块》这种游戏,就没什么虚拟空间这种概念可谈了,就是在一个狭小的方格里拼图形。能在广阔的游戏空间里进行游戏,体验真的是令人难以忘怀。下面请根据我的描述,假想着在《辐射3》的世界里转一圈,您一定会体验到空间世界所赋予电子游戏的重大意义。

第一步,试想一下你置身在悬崖下一座废弃的小镇之中。身处此时此景,刚开始有点慌张是正常的。定定神,你发现身边空无一人,于是大着胆子四处走动,渐渐习惯这个世界。突然看到一处崩坏了的校舍,大摇大摆地走了进去,好像这里是自己的地盘一样。没想到学校里居然有一群拿着刀剑、猎枪、扳手等武器的疯子,你一路被他们追赶着逃了出来。这时才发现好端端的一所学校里,居然有

How to 如何玩电子游戏
Play a Video Game

囚禁着一具具死尸的笼子,你吓得没命地跑……

我举的这个例子固然惊悚了些,但我想说的是,游戏世界之所以吸引人,其一部分的原因便是你并不是唯一的角色,这方世界里还有着许多其他的人物(或者是怪物)。你可以选择逃跑,但是终归还是要下定决心奋起反抗的:这些跟你对着干的"人",是你进一步探索的障碍。就拿刚才那所学校来说,想要进去看个究竟,势必要做好进去打它一仗的准备和觉悟。这也正是游戏有趣的地方啊,不是吗?

还好,也不是所有人都是跟你对着干的。接下来你沿着大路走下去,来到兆吨镇门口。这是一座被铜墙铁壁包围着的城市,人们躲在里面免受废土首都里牛鬼蛇神的侵扰。进城后当地的治安官卢卡斯·希姆斯接待了你,告诉你只要安分守己就可以把这儿当作自己的家。镇里大伙儿都安居乐业——商店、诊所、教堂等一应俱全。你于是决定在这里落脚了。

虽说游戏里充满凶险，却也不尽然，肯定还有能和你和平共处的好人在侧相伴，这两者相互之间是达成一种平衡关系的。和这些好人说说话、给他们帮帮忙，你会觉得这样的光景还不赖哟。

在游戏世界里待久了，对其中的一景一物都会了然于胸，就像熟悉自己家、所在的街镇、城市一样。有时甚至会摸出一条专属自己的小道，远离不喜欢的地方，相对地，也会发现自己爱去的地方。起初不熟悉的慌乱感会渐渐转变成熟知的亲近感，你会有一种当家做主的感觉。时隔8年再次重温《侠盗猎车手3》，我惊奇地发现，游戏里的大街小巷还是那么的熟悉，可以轻易地找到回家的路。

再回到《辐射3》，里面所有人都建议你重回华盛顿特区，饶是前方满是艰难险阻，却也一往无前。你发现废弃的地铁通道还是能走的，于是颤颤巍巍地避开沿途口喷火焰的变异巨蚁和早就打过交道的疯子们，在里面摸爬滚打地前进，最终在晚上

How to 如何玩电子游戏
Play a Video Game

到达了华盛顿特区。刚露头,就看见不远处有人交火,不知谁跟谁干了起来。你于是打算隔岸观火明哲保身,躲在出口静观其变。

还有一点关于玩电子游戏的美好之处,就是玩家自身不一定总是游戏的焦点。当代很多游戏都极力营造了一个仿真的世界:NPC各自过自己的生活,没了你,这个世界照样转。《模拟人生》里你的邻居会自发地去商店里买东西;《荒野大镖客》中,你所骑着的马脚边会有几只兔子自顾自地蹦蹦跳跳。一上来你可能会觉得,这游戏是我买下来的啊,怎么可以不绕着我转呢?但是这种完美模拟真实世界的游戏世界真的很引人入胜。举个例子,你可像在真实世界里一样,站在巴黎的一处街角,静观人生百态。

这样子玩可能要比表面上打打杀杀的游戏目标,或者偏安一隅的保险玩法都要好玩得多,因为游戏设计师也考虑过这种玩法,所以在游戏世界的各个角落都设置了各式各样的惊喜,玩家总能发现几个有意思的去处。

我们再回到《辐射3》。在郊区兜了几圈后,你决定回到废土首都。虽说那里遍布凶猛怪兽,从放射性蝎子怪到食尸鬼应有尽有,但是你仍旧义无反顾地去了。为了安全起见,大多数时候你都是绕道而行,实在绕不开,再冒点险干掉它们。

走着走着,你上到一座小山丘,举目望去,发现又来到了另一个废弃了的小镇里。接着穿过一个枝蔓遍布的院子,看到一处孩子玩耍用的游乐场,只觉得死寂中透着说不出的古怪。你走进去,走近游乐场一头的秋千。就在这时,一颗子弹"嗖"的一声贴面而过,你吓得东奔西跑,浑不知哪里居然潜伏着狙击手,要取你性命。突然又是一声枪响,所幸还是没有打中,你找到一间房舍躲在后面,大气不敢出一口。

整个《辐射3》有好几个我至今没弄明白的谜团,那个游乐场就是其中之一。那里怎么会有狙击

How to 如何玩电子游戏
Play a Video Game

手盯着,而且满地是地雷,我百思不得其解。当时我权衡利弊后,选择了逃离那里,没有正面去闯。这又道出了电子游戏世界带给玩家的另一个惊喜之处:总有不同寻常的新发现。比如在《模拟人生》里,我要是在墓地里待久了,居然能瞧见已故之人的灵体;在《荒野大镖客》中,你有时在废弃的城镇里会找到一撮躲藏起来的盗贼;在《侠盗猎车手:圣安的列斯》里你还有可能偶遇幽灵车,大多数人都将其奉为传说。

你又折回城市里,对适才身处险境心有余悸、不明所以。又走了一阵,来到华盛顿纪念碑百米开外的商业街。纪念碑虽已残缺不堪,却兀自屹立不倒——都能看到里面的钢筋裸露在外了。尽管如此,它的存在仍表明了,这个满目疮痍的城市就是华盛顿特区,至少曾经是。它从原先叱咤世界政坛的霸主角色,沦落到现在这步田地,成了超级变异人、突击者、重装钢铁兄弟会混战的场所。正当你不禁陷入深深的思考的当口儿,一个变异人发现了你,尖叫着朝你扑将过来……

干掉怪物之后,回想之前种种,不难悟出:组成游戏场景的一砖一瓦都是故事。《辐射3》呈献给玩家的场景,是假想的未来美国。你不禁要问:究竟是什么导致了这派生灵涂炭的景象?游戏里的人都怎么样了?总统在干吗?林肯总统塑像还在吗?云石寺呢?还有反思池怎么样了?其暗含的信息量,可能远远超出你的想象。

我本人的《辐射3》游戏之旅,基本就是在探求这种隐藏信息的情况中度过的。这款游戏其实并没有所谓的尽头,只要你有心四处逛,总能发现新的奇人怪事。玩到后来,我对这种漫无止境的游戏过程感到有点疲惫了,然而根本停不下来。终于,我在一场遭遇战中身亡,但是此时游戏却似乎尚未结束,我还是想继续玩。之后又有一次,当我行走在华盛顿特区时,迎面走来一个男人,告诉我前方有个奇怪的人躲在那里,貌似还是个很不好惹的人。那时我的替身已经练得非常强悍了,基本无敌,于是乎我大摇大摆走进小巷,把那个"不好惹"的家伙给教训了一顿。

没想到这个疯子恼羞成怒,居然引爆了小巷里的炸药,想来个鱼死网破。我的替身被轰隆隆地炸上了天,场面蔚为壮观。虽然我死了,但这种轰轰烈烈的死法,正是我想要的完美终结。再见了,废土首都!于是我微笑着关掉了Xbox。

传统的艺术作品,讲故事都是按照"开端—高潮—结尾"这种模式进行的。游戏却不是这样,它所带给体验者的感触更深,玩家的每一个细微的行为,都左右着游戏发展的态势。比如玩《疯狂橄榄球》的时候,输赢对我个人情绪产生的影响,不亚于现实生活中;《荒野大镖客》中,看到大西部向现代化的逐渐转变,油然而生的伤感之情也不是假的;在《侠盗猎车手4》里看日出时,那种对崭新生活的希冀和憧憬，谁说不曾感动过我自己呢。

除却那些必须进行特定故事情节的游戏，还有一些游戏完全可以自己DIY场景和空间。像在《我的世界》里，你可以自由自在地探索世界、猎杀僵尸；在《模拟人生》中，你也可以在郊区建房造园，一砖一瓦的添置，全凭己意。在游戏中能自己塑造世界，让玩家大呼过瘾，所以这项游戏性上的进步，是很符合逻辑的，满足了玩家的需求，玩家不再像以前那样，只是能决定自己采取的行为了。

镜头再转回《辐射3》。这时你已经成功摆脱了超级变异人的攻击，来到了华盛顿纪念碑跟前。把守在外的重装士兵认定你是好人，放你进了封锁区，乘着扶梯到达纪念碑大楼顶楼。透过残壁，城市全景一览无余——虽说满是废墟，但景色依旧壮丽！这个现在的废土首都，等待着勇敢的你去冒险、探索、书写历史！

虚拟人生

你在游戏中的替身卡珊德拉·哥特与唐·罗沙里奥坠入了爱河。你们两人订了婚,关系发展得很顺利。一天你在花园里晒着太阳,舒舒服服地放松,一副心满意足的样子。游戏突然提示你立刻与唐成亲——那就来吧!于是乎,结婚戒指从天而降,随之奏起了婚礼进行曲,身边不知怎么地冒出了礼堂的陈设。掉下的戒指快到唐手上的时候,他居然瞪大了眼睛,摇头晃脑地一溜烟跑了,只留你一人兀自在风中凌乱……

　　不管你喜不喜欢、愿不愿意,许多当代电子游戏的剧情,经常会急转直下,让你感叹造化弄人。大多数大型游戏剧情都做得跌宕起伏、百转千回,剧本写得精彩得不得了。你喜欢那种对抗外星人入

如何玩电子游戏
How to Play a Video Game

侵,绝地反击的科幻故事吗?玩《半条命》和《质量效应》吧!想模拟好玩刺激的郊区生活?那就试试《模拟人生》。诸如征战体坛,狱后生活,硬派侦探,超现实日本喜剧,等等,总有一款剧情适合你。

在游戏世界里,你可以充当绝对主人公,完全代入。这一点是电视、电影还有书籍所做不到的。《质量效应》讲述了一位星际飞船指挥官拯救宇宙的故事,在游戏中,你化身为这位指挥官。像在前线发射激光攻击、进攻敌人据点的战略制定、面对面堂堂正正干掉敌军指挥官之类的工作,全落在你一人身上。虽说其他媒介也做了观众选择发展路线的初步尝试,也不能完全否定,比如有的小说分为好几条发展线,读者可以选择喜欢的看;电影《妙探寻凶》末尾也设置了好几个结局。但再怎么着,还是电子游戏更胜一筹。在游戏世界里,你不只是个看客而已,相反你是活在里头的,说整个游戏都是围绕着你进行的也不为过。即便你不是主角,游戏世界没有你的参与，也是不完整的。

当你身处宏大的游戏世界里，一举一动都被赋予了特殊含义。如果没有前因后果的支撑，刚才提到的卡珊德拉，就真的只是在晒太阳而已。真正好玩的是晒太阳这个行为所触发的婚礼剧变——本来还沉浸在结婚的喜悦之中，一下子就从幸福的云端跌到地上了。在电子游戏中，剧情并不是如一潭死水般一成不变，一些特定情节需要前情的积累才会触发。《质量效应》中，你看似一个一个地射击杀敌，其实最终目的是拯救世界；网球游戏里你每一次的奋力挥拍，都让你离温布尔登网球锦标赛决赛更进一步。

游戏里往往还设置了许多支线剧情，有待玩家解锁。举个例子，《辐射3》里当你在废土首都探索日久，会碰到很多陌生NPC，它们有形形色色的忙要你帮：帮太太找她的小提琴啊，协助林肯塑像重建队施工啊，干掉邪恶的黑奴买卖商啊之类。在《生化奇

如何玩电子游戏
How to Play a Video Game

兵》里，杀敌同时，聆听录音带里讲述的游戏世界细节，对玩家更好地进行游戏也是大有裨益。这些额外的支线能让游戏体验变得更棒。

镜头再转回《模拟人生2》，卡珊德拉还是没从唐的无情拒绝的阴影里走出来，她还是头一回这么伤心难受。你决定帮她呼朋唤友，举办派对，帮助她走出阴影。刚开始她对你这番热心之举是拒绝的，但也没用，不一会儿屋子里就挤满了人。派对办得很棒，卡珊德拉看似忘记了痛苦，即便这是暂时的……

电子游戏有一点跟小说、电影还是一样的：大结局是固定的，但也只此而已。情节如何发展，完全取决于玩家在游戏过程中怎样做决定。对于卡珊德拉，我们完全可以采取另一种态度对待她：比方说，就干脆让她自暴自弃宅寝终日；也可以让她找到唐，质问拒绝的原因。怎么做完全是玩家自己的自由，可以毫无顾忌地按照自己的价值观行事。

为了玩得更爽，还有一个重要办法，就是专注于你所玩角色，增强代入感。在《波斯王子》里，你不要只把王子当作挥剑杀敌的道具，而是要融入其中，把他想象成一个意欲扶危邦于将倾、拯人民于水火的大英雄。许多游戏角色在塑造上，设计师都采取了留白的手法，就是为了让玩家自己挖掘游戏角色的无限可能，让它自己对周遭的世界做出回应、诠释。比如，玩家可以自己决定《质量效应》主角薛帕德指挥官的性别，甚至成长经历，比方说是成长在军人家庭里，还是在乡下长大的。玩到这款游戏的第二代时，我已经深深被我所塑造的薛帕德指挥官代入了——她是一个干练、说一不二的女强人，面对危险永远能保持冷静。

我们这种将自身主观性格和不同替身结合起来的能力，决定了我们在游戏中的表现。卡珊德拉虽然被拒绝，但塞翁失马焉知非福？记得那时在玩《辐射3》时，虽然NPC的行为都是由电脑程序设定好了

How to Play a Video Game 如何玩电子游戏

的，但只要它们表现得不"尊重"我，我就要抓狂。《神鬼寓言2》中，我扮演的是邪恶巫师，有一次因为有个小男孩阴魂不散地躲在他爸妈卧室角落里哭，烦得我把他所在的整个村子都夷为了平地。

正所谓"一千个人眼里有一千个哈姆雷特"，对游戏中同一个场景，不同玩家可能会有全然不同的诠释，随之而带来的游戏乐趣也会大相径庭。基于此，游戏设计师在同一款游戏里设置了多条路线可供选择。比如《神鬼寓言》，这款游戏就把这种玩家自主选择的游戏特性给发扬光大了，玩家在其中得以做出各种主观的决定，接下来游戏的走向也是千差万别。如果你走的是邪恶路线做事不择手段，最后就可能变成一个全能的独裁者；反之，要是一心向善，就能创造和平的世界。同理，在《模拟人生》中，虽说卡珊德拉被拒是固定剧情，但是故事如何发展完全取决于玩家的行为，是悲剧到底还是重归于好，或者完全走出去，你自己试试就知道了。

这种依靠玩家主观选择影响游戏发展的做法是一项很伟大的革新。玩《模拟人生》游戏，家庭成员并不是固定的，过的生活也不是规定好的，玩家完全可以自己选择。之后故事发展的走向，是基于你当初所做的决定。你不是刚才为卡珊德拉办了个派对吗，假设派对结束后她还是郁郁寡欢，你一不做二不休，直接把她原来那些家庭成员来个大换血，甚至连她的姓也干脆改成"斯洛斯"（意即懒惰），又有何不可呢？这个核心家庭所有成员体形都有点丰满。你还帮卡珊德拉设计了新家，放入了沙发、床铺和电视机，从此看电视不再需要跑老远了。要不要在每个房间里都加上一冰箱零食？加！你还帮自己和成年家庭成员都找了轻松的活计。当然了，既然我懒，先休息一会儿再开始干……

在《模拟人生》这个平台，玩家谱写自己的故事。可以和亲密朋友住在一块，看看会发生什么；或者通过上帝的视角窥视一个老宅在家、只穿条短

How to 如何玩电子游戏
Play a Video Game

裤的单身汉是怎么度过每一天的。你在现实生活中种种不切实际的想法，都可以在游戏里实现。

那种剧情完全由玩家自行创作的游戏会少一些，但还是有的。在《第二世界》，你可以天马行空地做一切自己想做的事，甚至还能飞行。《小憩即永眠》就会显得复杂一点，这是一款双人游戏，玩家通过自画自演决定一切游戏剧情。《我的世界》提供给玩家数不清的可挖掘元素，玩家全凭己意自在过活。

不管游戏系统本身是否支持玩家自行创造，都可能被玩得很主观。有一些玩家会在游戏中给自己定下"规矩"，比如，那种可以死了重来的游戏，一旦死了就真的是游戏结束，对他们来说，这样会显得更为真实。

这样子玩游戏的话，每一秒的体验都会显得弥足珍贵。比方说有一款叫作"地铁2033"的游戏，故事将舞台搭建在后世界末日的莫斯科。我在玩的时候，不仅享受着战斗的乐趣，而且对每一处剧情都用心去感受——仿佛真的身处核战争爆发后的世界，只能和最后的幸存者蜗居在地底世界，对这一切都痛心疾首。当我在地表因不慎吸入毒气呛死的时候，窒息时的那份痛苦，甚至能够感同身受，好像真的就这么孤零零地与世长辞了。

在《模拟人生》里，也能模拟出完美的西部生活：娶妻生子、成家立业，然后慢慢老去。网上有玩家发布过自己玩出的感人路线：单身父亲和女儿在外流浪，孤苦伶仃，天下虽大却鲜有安身之所。别人家小日子过得其乐融融，却和这对父女无甚关系。区区一款游戏，居然也能映射出人性。故事的结尾是这个父亲"借用"了一下别人家的浴室，被发现后给赶了出去。

《网络创世纪》这款多人在线游戏，则是网络游戏的平台上对玩家自主谱写游戏剧情模式的一款巅峰之作。游戏设计者在游戏中扮演全能的不列颠之王，剧情一开始不列颠之王站在城墙堡垒上，正在

How to 如何玩电子游戏
Play a Video Game

对聚集在下方广场上的玩家进行宣讲。就在这时，一个玩家抱着试试看的态度，用魔法向不列颠之王放了一道火墙。好玩的是，不列颠之王挨了这一下居然挂了，本来应该是无敌的不列颠之王，那天竟忘记将自己调成无敌状态。自此，游戏的后续势必与预想中的全然不同。这个虽属意外，但也不失游戏系统所允许的一种可能性。

我们在游戏世界里经历的种种故事对现实生活也很重要。有时玩得嗨了，经常会在电话里和朋友或者在吃晚饭时和家人提到游戏里发生的种种趣事。比如你可能会说，"跟你说啊，今天我玩《我的世界》的时候，本来想用镐子挖点珍稀矿石来着，结果一不小心掉到深坑里去了。落了一会儿掉进地下河里，居然没事，居然还在那附近找到了一幢黑曜石搭的房子，灯火通明的，好看得不得了。你今天玩点什么了？说来听听。"

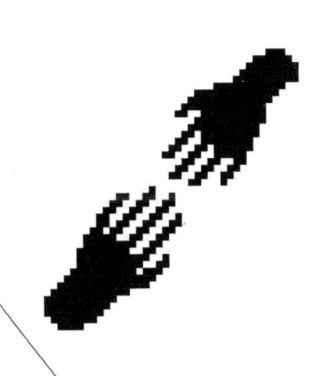

在雨中痛哭流涕吧

你抓着尤达的小手一路奔跑逃到桥上，眼见只要过了桥就自由了。突然从那座囚禁过你俩的城堡中，射出一道闪电，打到了你们中间。尤达被堵住了去路，你被闪电掀翻在地。小桥被劈得从中间裂开，不知怎的你俩越离越远。你要做出决断：到底是自己一个人逃走，还是去救尤达好。你望着尤达渐渐远去的身影，当机立断纵身一跃……

上述场景发生在《古堡迷踪》这款游戏里。《古堡迷踪》是对那些对游戏抱有这样那样的偏见，觉得游戏令人变得情感迟钝、形同机器的人的打脸之作。除了这款游戏以外，许多其他游戏的剧情设定也做得很是感人。玩游戏并不只是简单玩玩、运行一遍

如何玩电子游戏
How to Play a Video Game

程序就罢了,现在游戏有了全然不同的意义:它们能够触及玩家的内心深处。假如一定要说玩家如机器人般机械性地打怪练级,那我们宁可像《银翼杀手》中的外道军团6号那样在雨中痛哭流涕,也不愿像《神秘博士》里的机器人戴立克那样麻木地念叨:"消灭!消灭!"谁说玩家不能将情感融入游戏之中呢?

那些对游戏抱有偏见的人,在批评游戏缺乏情感时,往往会拿小游戏做例子。我想说,哪怕只是这些小游戏,都不应该被小觑。游戏发轫之际,《乒乓》《太空入侵者》这类元祖游戏就风靡全世界了。虽然现在看来它们都只是些基本的小游戏,但在当时人们却玩不够。之所以这么受欢迎,部分原因在于这些游戏的结局有着胜负之分,赢了可喜,输了懊恼,游戏过程本身是一次愉快的体验。虽说这都只是最最粗略的情感,并未进一步细化、升华,但在当时已经很说明问题了:人之所以为人,就是因为有感情。人生并不是像简·奥斯汀的小说那样,总是深沉不已大智若愚；有时我们也要来点李·查德、汤姆·克兰西式文笔的刺激调剂调剂。

没有其他任何一种媒介可以像电子游戏那样，让体验者完全身陷虚拟的情感世界之中。这是因为，在游戏里做决定的是你，承担后果的还是你。玩《太空入侵者》，你握紧拳头发出胜利的怒吼；在《古堡迷踪》中，能感受到救回挚友的那份艰辛。你是以第一人称视角感受着这一切的：当尤达渐渐远去孤立无援，看在眼里的是你，自己决定跳还是不跳。你的抉择完全源于你内心的价值取向。

也不是说所有游戏就都是这样，净是大是大非的选择。比如ICO制作组制作的《旺达与巨像》，这款游戏在情感的设计上就更加细致入微了，让玩家在游戏中对自己的种种行为都不禁产生思考。《旺达与巨像》讲的也是男孩救女孩的故事，女孩死了，男孩旺达带着女孩的遗体去了神秘的"往昔之地"，意图借助秘术起死回生。神庙里的神灵要求旺达破

How to 如何玩电子游戏
Play a Video Game

坏16座石像才能帮忙,于是旺达为了拯救心爱的少女,踏上了征途。游戏目的十分的简单明了。

游戏刚开始时你还会感到有点茫然无措。爬上一座山,突然感觉地动山摇,遇到了游戏里第一个石像。它高耸入云,眼眶空洞,你在它面前轻如鸿毛。没想到石像居然无视你的存在,自顾自地走了开去。要干掉它你得追上去,通过一系列精妙的攀爬动作,爬到它脑袋上。在爬的过程中,还要克服失手掉落摔死的恐惧。终于,你爬到了顶,往下看去不禁一阵晕眩。石像的弱点也在画面中显现了出来,你拔剑,一下又一下地砍将上去,只见伤口处黑血四溅。然后石像慢慢停止了行动,轰然倒地。你不免有点残害无辜的愧疚感,质问自己这样屠杀一个于己无害的东西真的好吗?

整个游戏过程中,每当你干掉一个石像,这份愧疚和疑问便更深一步,完全没人跟你解释什么。这些石像看上去那么的人畜无害。你禁不住在内心里问自己：到底谁是"怪物"？是石像，还是我？

这一点在很多现代电子游戏里都一样，你行为的意义往往没有那么明确，也不知道这样做到底是不是"正义"的。然而你也就只能这么想想罢了，没人会回答你心中的疑惑，一切全凭自己，你觉得是什么就是什么。

之所以会产生这种疑问，主要因为你和游戏里的替身之间的关联日趋紧密。这种关联越紧密，你本人越能对游戏里发生的事感同身受。有好几种可以促进这种关联的方法，比如，把替身的外表弄得和自己差不多什么的。最有效的办法，要数让替身完全按照你的想法行事。目前，随着微软Xbox 360 Kinect技术的问世，使这份关联更进一步：人们可以让替身对自己的指令完美照做，就像照镜子一样。这种以假乱真的逼真度，有点让人难以区分谁是谁了。

在《Kinect体育竞技》中，玩家可以一圆"奥运梦"；甚至可以在被称为人类竞技体育巅峰的百米赛跑中出赛，问鼎世界冠军的宝座。比赛开始前，主持人还会向观众隆重介绍你，如果你想，还可以控制替身向观众挥手示意，替身会完美模仿你的动作。观众以热烈的欢呼回应你。此时你不禁有点热血沸腾，举起双手致意，观众欢呼声更甚了。他们爱你！随后便是重头戏——比赛开始！你在屏幕另一端做出赛跑的预备姿势，替身也学着你的样子蹲了下去做好了准备。随着"砰"的一声枪响，你如离弦之箭般冲了出去……

要冲得快，你得拼命摆手抬脚，和真实赛跑没什么两样。这时你感觉到，自己的表现与游戏替身息息相关，你是那么想在比赛中"胜出"！你是真的在比赛！

你的起跑环节虽然做得不错，但不知怎么的，一位选手居然赶到你前头去了，处于暂时领先的地位。你不甘落后，手臂大腿摆得更拼命了，把客厅地板踏得震天响，想着至少也要拿个亚军啊。事实证明，你的辛苦努力没有白费，你的速度神奇地快了很多。在终点线前一寸你超越了对手，以百分之四秒的微弱优势实现了惊天大逆转！首次参赛就获得世界冠军的殊荣，打破了世界纪录，流芳百世。简直没有比这更棒的感觉了！

比赛结束后，你观看慢镜头回放。只听得《火之战车》的主题曲在耳畔响起，看着自己加速、赶超到最后胜出，不禁得意，觉得自己好像真的成了世界冠军！其实，你的确成了世界冠军，不是假的。在领奖台上，举起奖杯，在观众的溢美之词和烟花绽放的响声中，尽情享受着胜利带来的荣光。

大多数人觉得体育赛事带来的激动是转瞬即逝的，终将渐渐淡去；但电子游戏带来的愉悦却能长久保持。玩那些大作往往要花10—100小时不等，这是个漫长的过程，能让你和替身之间产生强烈的羁绊，你可能完全地融入替身的生活之中。比方说玩《荒野大镖客》，玩到后期怎么也是20个小时之后的

如何玩电子游戏

事了,在这个过程中,你和主角约翰·马斯顿以及爱马还有旷野之间的联系会空前牢固,难以分割。

《荒野大镖客》游戏后期,你遭到要挟,不得不为政府卖命。你被分派到一个叫黑水镇的地方,和爱马同行。没想到这里居然是你在游戏世界里去过的第一个现代化的小镇——地砖铺得整整齐齐,马儿行走的蹄声饶有节律地响着,沿路找寻着联邦政府大楼。途中,你看到一家影院、一家汽车店和其他各种各样有别于游戏主角本来世界观的景物。随后来到一个广场里,居然看到了法院和办公楼之类的建筑,不禁感叹自己的灵魂并不属于此处——黑水镇的存在代表着旧西部的终结,你的精神家园在此被埋葬。

来到黑水镇后不免有点淡淡的忧伤,是因为你在之前数个小时的游戏过程中,已经彻底代入了原先的世界观之中——你觉得这个游戏里就应该都是一望无际的大草原和尘土飞扬的小镇,满是莽夫粗人。你早已和游戏结下了不解之缘,这样的一种脱离实际的游戏设定,本身就是吸引玩家的本钱。然而陡然的画风一变,产生了鲜明对比和落差,使得身在福中的玩家更加体验到了现实生活的可贵。

说了这么多,总结一下就是,看待玩电子游戏这件事,不要只看表象,觉得就是动动手指打打杀杀获取高分的玩意儿。游戏向你展现的是一方充满了奇思妙想的神奇天地。比方说玩《我的世界》,游戏一开始你出生在岸边,不知身在何处。一只小鸡叽叽喳喳地从你脚边走过,不远处看到一头猪对着树闻来嗅去。这是一个艳阳高照的好日子,你走了几步,穿过一片灌木丛,来到一处郁郁葱葱的山谷前。你只觉得遍地都是能够加以探索的地方,这就开始自己的虚拟生活吧!在你的一边,一道瀑布从高不见顶的山峰上呼啸而下,你打算爬将上去寻觅源头,那里似乎有个很深的山洞可以探索;另一边则有一座奇怪的小岛,岛上只有一棵几米高的树矗立在那里。你想问,这怪岛是怎么变出来的?可能在那里造个房子还不错吧……

再回到《古堡迷踪》,你跳过断桥想去尤达身边,却失足跌落,挂在了悬崖边缘摇晃不定。尤达的纤纤玉手紧紧抓住你不曾放开。你壮着胆子望望悬崖下方,暗示自己一定能得救。突然尤达身后一道阴影漫了过来,把她给抓住,你只好松开了手。你就这样落了半天,直到不省人事……过了一会儿你醒过来,此时目标明确:要回去不计代价地救出尤达。虽然心有余悸,但还是马上动身了。

和朋友一起玩

你身处一片蓝色海洋之畔的沙滩上,艳阳高照。背后就是悬崖峭壁,底下有个山洞。心里想着要搜集一点木材住在里面。但此时一种想法一闪而过:这个世界可能性太多了,到哪都是变数。你收摄心神正准备开工,只见边上小山丘冒出了个人影。他是你邀请进来一起游戏的朋友,比你稍迟了一步。你的朋友穿过沙滩,站在你面前。你俩开始商量之后该做点什么——这是在玩《我的世界》时可能发生的事情。

本书到这,我一直在谈单机视角下可能会发生的种种:拯救世界、建造房屋,甚至还经历《荒野大镖客》主角那种不幸的经历。但是就游戏来说,我认为就是应该很多人一起玩,电子游戏在这一点上

How to 如何玩电子游戏
Play a Video Game

也不例外。自从计算机和游戏主机能够远程连接，人们便可以在线上一同玩耍了。比方说玩劲舞游戏，你既可以呼朋唤友到家里来比比舞技，也可干脆直接联网玩便是了。

几乎所有游戏现在都支持多人模式。你能在《荒野大镖客》中和朋友组队作战，驰骋旷野，从虎狼般凶残的盗贼手中救出被掳走的姑娘；在《魔兽世界》中，你扮演的是传奇英雄的角色。在游戏里你可以和志同道合的朋友们组建公会，一起冒险；还可以和一群朋友进行巡回网球赛，不用再像以前那样玩单机只能和电脑对打。回到《我的世界》，刚才不是说朋友走到你跟前了嘛，这时他突然打了你一拳掉头就跑。你一路追赶，越过沙滩跨过山丘，一直追到了一片森林里。你俩借助树木作为掩体，你打我一下我打你两下闹个不休，把好端端的一个沙盒游戏玩成格斗游戏了。

其实这也并不奇怪，本来这种开放式的游戏玩到后来总免不了要和别人争个高下才能罢休，毕竟"竞争"这个要素是历久而不衰的。比比谁造的秘密要塞最好？谁爬山速度最快？大多数电子游戏的设计理念，就是让人们在各种不同的设定里一决雌雄，从简单的保龄球到创造文明这种宏伟大业，无不如此。能和别人比赛就是叫人热血沸腾啊！现在通过玩电子游戏，在家里就可以赛个痛快了。

让我们再回到《我的世界》。你和朋友终于闹够了，决定做点务实的事。你们走进刚才提到的山洞里，开始了探索之旅。你俩一路上点燃墙上的火把照明。终于，在不知多深的地底下，发现了一处闪烁着耀眼红光的岩洞，于是你俩决定在回去的路上搭建楼梯，以便下次再来。你们说干就干，不厌其烦地往上挖啊挖啊，精心地打造出一级又一级的楼梯。突然之间，大水从上而下灌了进来，水势太大把你俩又冲了下去。呵，大概你们挖的是海底下的土地吧，本来想建个楼梯，现在可好，成了水上滑梯了，呵呵。

和他人一起游戏之所以好玩，还有一点就是可以同处一个世界。哪怕互相之间递个东西，都会让你产生很强的游戏代入感。有一次，我和朋友一起在《我的世界》游戏里边走边对沿途所见地貌评头论足谈个不休，手上也不闲着，把一大块地方都插满了火把，然后我俩找了个好去处，双双欣赏着自己打造的美妙风景。

最近，电子游戏设计师们貌似开始明白，不是所有玩家都喜欢这种要和朋友家人对着干的游戏，大家还喜欢能团结合作并肩作战。在丧尸游戏《求生之路》中，需要4名玩家组队，从满是丧尸的地方逃出生天。打丧尸原本就很好玩，更何况现在一旦你失手被丧尸抓到，队友会冲上来帮你解围，这就让人有点热血澎湃了：你不再是孤军奋战。

除了打打杀杀的游戏，从团队竞技的体育项目到《我的世界》这种构造世界的沙盒游戏，都能和朋友玩个尽兴。没什么比"合作"更为激动人心的了，这是游戏可以带给玩家的绝佳体验之一。在《我的世界》里你和朋友互相扶持、共享资源，这也是这个游戏最吸引人的地方吧！你可以去线上看看，从"进取号"星舰到J.R.R.托尔金创作的中土大陆；从巨大的过山车到嵌在悬崖峭壁里的雄伟宫殿，玩家群策群力，共同打造一切，不再像从前一味地只是破坏而已了。之前提到过的《第二世界》，游戏目的就是依靠成千上万的玩家合作建造游戏世界。

再回到《我的世界》刚才的剧情里，你沿着刚才意外形成的水上滑梯，滑到岩浆洞穴，逸兴遄飞地想着继续探索。这时，又进来一个新玩家，原来是你朋友叫来的新朋友。简单地互通姓名后，你们3人做了个决定：要在顶上安个阀门阻止水流，还楼梯以原貌。你发现这个新朋友搞这个很在行，于是就在他的指挥下忙活开了。

在虚拟世界里，没什么比遇见真人玩家更令人

How to 如何玩电子游戏
Play a Video Game

震撼的了。当你意识到周遭的虚拟"人"背后都有真人在控制，和你玩同一个游戏、遵守同样的游戏规则、要完成相同的游戏目标时，你对游戏世界的认知，不禁产生了巨大的变化——此时此景，游戏世界显得不那么像是虚构出来的东西了，它像是真实的世界一样，不管是你还是别人，都可以进来走走看看。比起现实生活中，在游戏中会更加刻意地关注其他人，有点奇怪，不是吗？你会觉得在游戏世界里你更有"存在"的实感，在现实生活里这种感觉反而不明显了。

在游戏里你接触的人不仅限于真实世界的朋友。像在《我的世界》或者《第二世界》这样的游戏里，玩着玩着就会结交到新朋友，你们会因为要进行共同的任务、达成共同的目标、喜欢同一个地方而互相认识对方。

网络游戏造就的这份亲密联系，会促使各种人际关系的形成。当你和某人共同作战，在火拼中干掉对手；或者合作共制世界上绝无仅有的超大料理之后，你们很可能就变成朋友了。很可能就这样和素未谋面的人做了最好的朋友；也可能比现实当中的朋友友情更进一步；还可能在虚拟世界里结婚，从此过上幸福的生活。可以和别人通过共闯地下城、歼灭恶龙来增进感情，最后喜结良缘。有的时候陌生玩家和你组队会坑了你，这种小学生在游戏里连马都骑不利索，本来是要去营救美丽的少女的，这帮人只会帮倒忙。你完全可以做个有脾气的人，再也不带他们玩了。

我们再说刚才那个水上滑梯，这时终于搞好了复建工作。你们伫爬到外面，看到一座秀丽的高山。哇！在那里搞个秘密基地还不错哟！于是当下约定明天晚上一起去那里看看。和朋友作别后，打开一款赛车游戏继续玩了起来。你想，要不过两天哥儿几个再一块儿玩个杀杀外星人拯救世界，或打打强盗的游戏，或者就打两局高尔夫球也不错。

How to 如何玩电子游戏
Play a Video Game

现在的电子游戏就是这样的。朋友之间一起玩玩,不仅游戏本身变得好玩多了,还能增进友谊,一举两得。所以,别再矜持了,赶紧去约上三五好友玩它一玩。搞不好在游戏世界里还会碰上我呦。

游戏的意义

在2005年4月,间谍组织"引导者俱乐部"(Guiding Hand Social Club)策划了一场史上最大的间谍活动:它们在渗透六翼天使尤碧科公司数月后,在最高层安插了自己人,准备完成一单生意:暗杀首席执行官米里亚姆。

此次行动代号是"妮可(Nicole)"。万事俱备,在下手那天米里亚姆被引到了空旷处,雇佣兵通过偷袭手段把米里亚姆炸上了天,洗劫了公司金库,偷光了宇宙飞船。依照合同,雇佣兵要把米里亚姆的尸体真空包装寄送给匿名的雇主。

你看到这里,也很难相信我刚才说的居然是游戏情节吧。《星战前夜OL》是一款将故事背景设定为外太空爱恨纠葛的网络游戏,游戏中有各种各样

How to 如何玩电子游戏
Play a Video Game

的虚拟公司，千万玩家在游戏中从事间谍和海盗活动。每一个太空海盗，或者公司官员都是由真人所扮演。以往对游戏的传统认识可能还停留在《大富翁》这种可以欢乐玩耍，或者诸如踢足球之类的体育类游戏上，《星战前夜OL》这种游戏的问世，着实让人大跌眼镜。一款游戏做到这种地步真是让人难以置信，许多玩家觉得其体验更甚于现实生活。比如，游戏里雇佣兵抢走的资产总值，甚至能得出大约16 500美元的估价。

现在，玩电子游戏的目的不再只是打发时间这么简单了。不论是《星战前夜OL》里那个将资本主义、海盗行为和欺骗渗透无限放大的世界，还是在《荒野大镖客》中扮演一个目睹社会变迁有些怅然若失的西部牛仔，玩这些游戏给玩家带来的体验和思考，从来都不只是流于表面、一瞬即逝的快感——玩家在这些游戏里收获的，更是能够探索无限可能性的欣喜之情。我们可以在另一个世界扮演另一个人物；可以通过主观行为左右剧情的发展态势……厉害的是，我们还可以和朋友携手，一起大干一场。

也许你要问了：电子游戏若不是找找乐子、消磨时间的玩意儿，那还能是什么呢？一般我们会把能激发情感、讲述真情故事的事物统称为"艺术"，游戏圈子里的人士，普遍也会将游戏称作艺术作品。那些不懂游戏的人就不买这个账了。美国电影评论家罗杰·艾伯特曾直言，游戏现在不是艺术作品，将来也不会上升到艺术作品的层次。可能他有他的道理吧，既然他以前曾评论说电影《铁血战士》这种血腥搏斗的电影不能算艺术，想来很多需要通过打打杀杀不断晋级的游戏自然也不能算咯。

但是，像《古堡迷踪》这样的游戏又如何界定呢？之前我也说到过，主人公为了救他的同伴信仰的飞跃十分震撼人心；还有《我的世界》，游戏世界壮阔绮丽，令人流连；《模拟人生》的故事也很是接地气。这些游戏难道也不能算"艺术"吗？

How to 如何玩电子游戏
Play a Video Game

好吧,可能算吧,但是讨论这种问题,我们是不是有点钻牛角尖了?我这样问你:画画算不算艺术?你回答:有的算,《蒙娜丽莎的微笑》这样的肯定算艺术;但有的不算,比方说你在墙壁上乱涂乱画,除非你本事大,能把涂鸦搞得非常赏心悦目,这样也许就算是艺术了吧。

画画只是一种"手段",具体的画作既可以是小孩子的手指图画,也可以是凡·高的《星空》这样高大上的作品。那电子游戏也是这样的啊!是否能被称为艺术要看是什么样的游戏。在这个平台上,游戏品种纷繁万千——既有大杀特杀战个痛快的动作游戏,也不乏描写细腻的亲情、友情、爱情的精品。

通过不同的媒介,艺术体验的方式也大不相同。看小说的时候,故事是以文字的形式呈现在读者面前的,读者得以尽情想象书中描述的世界和事件。我对小说《白鲸》印象深刻,惊心动魄的情节至今历历在目。但是我脑海中还原出来的画面和你的可能不同。电影又是另一回事了,故事以画面呈现,可以很直观地观赏,不用再靠自己想象。比如电影《闪灵》,满是超自然恐怖景象,我就不信你没被吓到。再后来,电视剧的诞生,使数以百万计的人能同时观看同一部作品,制造社会范围内的舆论话题。相比电影,电视剧可以承载更长的故事情节,但是不如电影那样节奏紧凑,能在环环相扣的刺激中度过短暂而美好的艺术之旅。

电子游戏在这些基础上又有新的创新之处:交互性。在玩游戏的时候,我们既可以像看电影那样以第三方视角去欣赏,更能参与进去,甚至能左右故事的发展走向。瑟吉欧·莱昂的电影《西部往事》描写了牛仔之间凶杀、欺骗的爱恨纠葛,你在观看这部电影时,不禁为其神秘色彩所感染;玩《荒野大镖客》一样能体验类似的主题,玩家还能根据自身主观情感做出判断,体验会更好。游戏这方面的进步,其实也就是近些年的事,仍需完善,那些能让

How to 如何玩电子游戏
Play a Video Game

玩家主导、影响虚拟世界的优秀作品毕竟是少数。但是电影刚兴起那会儿，人们不也是对这种高于自己生活的艺术形式，感到惊奇不已吗？我想游戏也会是这样的。

但游戏也有这样或那样不好的地方。很多人对游戏的交互性到底是好是坏提出了疑虑，而且有理有据。纵观游戏历史，暴力总是长盛不衰的一大主题。从最早的《空中大战》的太空战斗，到现在的将战争场景描绘得过于逼真的《使命召唤》系列，这些游戏无不允许，甚至鼓励玩家用子弹爆头、把人打得血肉模糊之类的暴力行径，也难怪有人会反感了。比如像《侠盗猎魔》这种纯粹的杀戮游戏，玩家需要亲自大开杀戒；类似题材的虐杀系列电影，观众最多也就是当个看客，负罪感不可同日而语。

研究界对电子游戏可能带来的不良影响所做的调查已有些时日。调查主要是关于玩家在游戏后是否会助长暴力倾向。此类调查研究做得最出名、最多产的当属美国心理学教授克雷格·安德森。他的实验方法是观测参试者玩了暴力游戏后，可以忍受别人大吵大闹多久。实验结果是暴力倾向的增长与玩游戏时长成正比。

也有其他一些研究结果与他相悖，主张暴力游戏对暴力倾向的增长没什么影响，甚至质疑安德森的试验方法是否合理，说他是不是用过了时的游戏做的实验、对暴力倾向的理解是否正确。还有几篇大型的文献综述指出，这种调查研究变数太大，是没法得出确切答案的。

2011年6月，美国最高法院审了一桩有意思的案子。加利福尼亚州要求国家政府出台限制暴力游戏销售的法律。这项议案的判决结果却是以2:7的表决结果败诉了。原因在于，电子游戏是受《美国宪法第一修正案》保护的，不能干涉其言论自由的权利。斯卡利亚大法官陈述道，加州方面所提供的说法，不足以成为呈堂证供，他方论据主要来自克雷

How to Play a Video Game 如何玩电子游戏

格·安德森和其他几名研究者的研究成果,说服力度不够。接着又说道,加州提出的要求"有点歧视的意味",暴力游戏被认为和卡通片、非暴力游戏或者浏览枪支图片没啥两样,也就是说,不能戴着有色眼镜将游戏与其他种类的媒体区别对待。

虽说如此,游戏评级系统还是有的。"E级"的游戏是指全年龄适用;"T级"是10岁及以上适用;"M级"则是规定成年人才能玩。然而,现实中大多数小孩都会越级玩游戏,就拿我来说,8岁那会儿就看十八禁电影《第一滴血》了。大人其实用不着太担心,你家孩子比你以为的更聪明,他们完全能将游戏和现实世界区分开来。英国心理学学者西蒙·古德森和萨拉·皮尔森的研究表明,比起像《战争机器2》这样的暴力游戏,玩足球游戏更会增加孩子的暴力倾向。古德森分析到,这是因为足球更加贴近真实生活,孩子在玩这种游戏的时候,更容易融入自身情感。玩真正的暴力游戏就不一样,里面的内容和现实脱节，反而不会使暴力倾向加剧。

撤去这么多科学研究和法律法规不谈，就主观来看不能否认观看、参与这种毒打妓女、偷袭俄国士兵的游戏不是什么很积极向上的体验，大多数人玩这种游戏都会产生不适感。那我们就别玩这种游戏啊，也别让小孩去接触，我们每个人都是有自己内心的底线的。像我的一个学生就不玩《侠盗猎车手》这种游戏，因为他不想玩涉及暴力的游戏。说说我自己吧，触碰到我底线的是一款叫《殴打贱人》（*Hit the Bitch*）的游戏。这款游戏由丹麦公益服务组织制作，旨在呼吁群众停止对妇女的暴力。在游戏中，你要不停地殴打一位年轻女士到崩溃，直到作为施暴方的你不能接受为止。我不管这款游戏的设计初衷如何，完全碰都不想碰。作为"沙包"的年轻女士是真人形象，我根本就不想打她。可能这个游戏是有些什么有趣的地方吧！虽然无缘体验，但我绝不后悔！

How to 如何玩电子游戏
Play a Video Game

反过来，游戏的积极意义又何在？越来越多的研究结果表明，游戏的积极作用可能出人意料地大。托拜厄斯·格雷特米尔和西尔维娅·奥斯瓦尔德两位研究者指出，玩家在玩《疯狂小旅鼠》这款帮助小旅鼠平安赶路的游戏或者《城市危机》这款开直升机拯救世界的作品之后，变得更加助人为乐了。这些玩家生活中细小的事更为上心，也更愿意配合完成更多的调查问卷。纽约贝斯以色列医疗中心高级医学技术研究所的杰姆斯·罗瑟指出，玩了《超级猴子球》的外科医生在进行手术时，失误率降低37%，速度提高27%。另外，来自新墨西哥阿尔伯克基的精神研究组织的研究者得出了更为匪夷所思的结论：经典益智游戏《俄罗斯方块》能让被试者的大脑效率得到提高，甚至脑组织的含量都得以扩大。

既然游戏有这么多好处，那你肯定觉得人们会做很多好的游戏服务于生活质量的提升，甚至去拯救世界，事实上人们的确是在这么做。这种游戏被称为"严肃游戏"。其中有一款叫作《虚拟伊拉克》，游戏旨在帮助那些患有创伤后应激障碍的士兵和平民恢复。在游戏里，患者被重新置身于战乱之中，进行当时场景模拟——他们有的是经历路边炸弹爆炸产生心理阴影的，也有的是目睹亲友死于军事行动受了过大的刺激所致。但是这一次这些都是在安全的虚拟世界里发生的，患者可以一遍一遍地克服，在治疗师的帮助下渐渐改善症状。

这里不得不提异类游戏《9-12》，这款游戏在业内饱受争议。游戏赤裸裸地重现了战火纷飞的中东地区。你发射火箭摧毁城镇，被打倒的平民就会立即变成恐怖分子，就算没被打倒的，也会慢慢变。这款反恐题材的游戏，没有任何多余的说明和解释，你玩着玩着便会明白"你赢不了的，你无法打倒每一个人。"玩家通过亲身经历而了悟，颇具教育意义。

试玩一下

欢迎来到本书最后一章，此时你可能正在回味从我这学到的游戏知识。你是不是有时会想：要是我真的能去电视、手机、电脑屏幕的另一端就好了，不知道虚拟世界是怎样一副光景？那里会不会有超出认知范围的奇异生物，怪吼连连？会不会有风吹树林，常拂耳畔？

　　说了这么多理论，游戏这种东西，果然还是需要亲自上阵体验啊。在此我想谈谈《机械迷城》这款游戏，这是我2009年度最喜欢的一款作品。该游戏的厉害之处在于糅合了电子游戏前世今生——归类上属于早在80年代就达到全盛的冒险游戏，但是在制作上，又不失现代游戏特有的精细做工。正是由于这种特质，这款游戏才成功吸引了我这个怀旧玩家的眼球。

如果你愿意的话,我强烈建议你边玩这款游戏边继续阅读。很简单,登录www.machinarium.net网站,游戏就会自动加载,加载完毕后,我们可以大概玩一玩。如果读完本章,你喜欢上了《机械迷城》这款游戏,可以下载到电脑里。这款游戏是由独立工作室开发的,所以不贵,上次我去看价格才20美元,你花的这点钱是对开发者莫大的支持。但是不好意思,这毕竟是款游戏软件,体验不到买实体商品拆开包装时的那种快感……话不多说,我们这就开始吧!

游戏加载完毕后,你首先会看到风景画面,远处是一座城市。点击游戏标题左下角的"Play Free Demo(试玩体验)",游戏就开始了。这时你会看到一艘小小的宇宙飞船飞来,从里面跳出来一个由各种零件拼搭而成的机器人落到一片垃圾堆上。锵锵!现在游戏正式开始啦!

有一点我现在要提醒你：你在游戏画面中时不时会看到提示性文字，教你如何操作以及解谜的关窍。比如，在那个翻过来的洗澡盆边上，是不是有个箭头带着一句话："Click Here"（点击此处）。十来秒后这行字就消失了，所以不留神看，很有可能就错过了。所以，刚开始游戏时，留神屏幕上作者给出的提示性文字是很有必要的。接下去千万要擦亮眼睛哟。

在《机械迷城》中，基本都是通过点击鼠标发送指令，这大大简化了游戏操作。看到想用的东西你就用鼠标点点，想去什么地方也用鼠标点点……此时，我们的机器人主人公只有脑袋，首先得想办法把它落在这里的手、脚和身子拿到手。但是也不着急，游戏是不计时的，玩这种"点击式"的小游戏，我们用不着屏息凝视地挑战反射神经，游戏系统也简单得很，不用花大力气去熟悉。

当你一时找不到线索时，有一招儿很管用：就是

How to 如何玩电子游戏
Play a Video Game

在屏幕里东点西点试上一番。当你把鼠标指针移到可点物品上时,指针会自动变成一只手,此时点下去就会触发有效剧情。记住了,在玩任何的电子游戏时,只要能做就别怂,千万别太在意后果。比方说,你可以点点机器人的脑袋,这时你会看到它无力地晃晃头——因为它除了脑袋啥都没有啊……

现在你还能点得动的,是那个翻过来的洗澡盆。其实刚才出现的提示信息已经告诉你去点了,所以点吧。咦?就见它晃了晃,什么都没发生。你不服气?那就再点一下。嘿!只见洗澡盆掉了下去,露出了机器人的身体。很明显要去点一下不是吗?然后身体部分正好掉在了脑袋边上。我们最后点一下脑袋,两者就自动合二为一了。太棒啦!

此时又跳出一句提示:现在你可以够到触手可及的物品。但是机器人还少一条腿,不能走动,只能够着原地附近的东西。比如在机器人身边那个滑稽的机械胖老鼠,老跑个不停。等它停下来的一瞬间，赶紧点上去！

这时画面上从机器人和机器老鼠头上分别浮现两个气泡：一个显示机器人想要的手脚；另一个则表示老鼠想要丢失了的洋娃娃。这就很明确了：你得找到这个洋娃娃才能玩得下去。洋娃娃就在机器人头上不远处就能拿到。

画面中相同的事物，可能会随着游戏流程的推进起到不同的作用。刚才玩具娃娃还只是个摆设，现在就成了游戏进行下去的关键道具了，你得把它拿到手给那只胖老鼠才行。但是现在够不着啊，怎么办呢？正当你犯难的时候，提示信息又像如约而至：机器人是可以伸缩的，具体操作时，点击机器人的脑袋往上拖曳。伸长后机器人摇身一变成了瘦长个儿了，伸手就能拿到洋娃娃。

点击洋娃娃。机器人居然抓起来然后送进了嘴里……有点出人意料。好在后来你明白这是要把物品放进"物品栏"中存放起来。所谓"物品栏"就是

How to 如何玩电子游戏
Play a Video Game

画面最上方那块黑色的长条区域。物品栏右侧还有其他选项：本关提示还有游戏要素一览。鼠标移开黑色区域就不见了，移上去就会再次显示出来。

嗯，现在可以把那个洋娃娃给胖老鼠了，先研究下具体操作方法吧。第一步，把鼠标指针移到画面最上方，物品栏跳了出来，然后单击选择洋娃娃，这时你选择好的洋娃娃便会跟随指针移动。把洋娃娃拖到胖老鼠身上，确认重合后点下去，就完成了交付行为。好像有点烦琐吧？但这也是《机械迷城》里最复杂的操作了，而且你马上就会习惯。

胖老鼠拿到洋娃娃后匆匆跑开了，不一会儿就带着机器人缺的那条腿回来。机器人自己把腿装好——它终于可以四处走动了！

把指针移到路上，你会发现指针变成了两条走动的腿，点下去，机器人就会往你所点的方向走过去。走到一块卡在类似空调零件里的磁铁那儿，点击磁铁，机器人便把它拔了下来。一不小心磁铁吸到脑袋上了。于是机器人奋力拉了下来,又送进了嘴里以备后用。

移动了下鼠标,你又发现边上线轴上的线也能拿走。你走了进去,抽走了线。这时你已经拥有两样东西了。

又有提示出现:物品可以合并成为新的道具。既然只有两样东西,那肯定就是把这两样东西合起来了咯,但要怎么操作呢?虽然提示没说,但八九不离十是要靠鼠标点击。于是点击其中一样,拖到另外一样上再点下去——线的一头绑到磁铁上啦!现在你可以用这个新道具去"钓"铁制品了,比如说机器人另一条胳膊。本关最后一步是要你走到路最右方那根怪怪的杆子那儿,你发现能点得下去。然后杆子一下子弯了下去。如果细心的话会看到,在游戏最开始的时候,机器人的手是掉在杆子下的那片水池里的,我第一次在玩的时候,没注意这点,所以不知道具体是怎么回事。虽然你觉得直接二合一道

How to 如何玩电子游戏
Play a Video Game

具抛下去钓会更合理,但游戏要求的是,必须借助杆子把钓线顺下去。游戏动画会自动把吸住的胳膊提上来,点击你就完成了最后的拼装。

然后,机器人在动画中自动荡到了水池的对岸,也就是屏幕右侧。天知道为什么这时机器人居然把钓线连同磁铁一起弄丢了。这好像不太自然啊,但是玩这种游戏我们有时没得选。

介绍完操作,让我们仔细端详《机械迷城》的游戏世界。这个世界全由机器人组成,人物奇怪,但不失可爱,哪怕是那些会刁难主角的刻薄机器人也很逗。游戏画面完全依靠手工绘制,一边游戏一边可以充分享受这赏心悦目的风景。游戏的剧情是主人公机器人遭到丢弃,却锲而不舍地要重返家园。可能你也猜到了,回到家乡后,它会拯救世界和它的机器人女朋友。玩罢游戏,你可能一时走不出来,这也没什么奇怪的——主人公机器人和你之间这时已经产生了强烈的羁绊了,毕竟你俩一同走过了这么多的"风风雨雨"。

再回到游戏。跳到对岸后,点击画面最右边,就会进入下一个关,在那里有新的谜题和场景等着你。灵活运用刚才学到的种种技巧吧,在之后游戏里,都用得上,这些技巧刚用时比较棘手,一定要彻底掌握。你也不必太患得患失,尽全力去玩便是了,游戏嘛。

PS: 下一关要尽量掩人耳目,做一个"低调"的机器人。你可能要用锥形路障和街灯上的灯泡做成和城里的人都会戴的一样的帽子,然后才能混进去哟。

写在最后

不管是独自还是和他人一起，玩电子游戏都是体验不同人生的绝妙手段。通过玩游戏，还可以做文化发展的见证人。毕竟，电子游戏作为一种娱乐形式，各方面都处在迅速发展的阶段，游戏玩家也涵盖了社会上各种各样的人。在本书结束前，我还想推荐一些书籍、电影和游戏，帮助读者打开这扇大门。我的这些推荐，有的是关于复古游戏玩家的纪录片，有的是讲述个人生活被游戏改变的深度故事，还有的是对滑板游戏的欣赏和赞美之类。具体请看：

How to 如何玩电子游戏
Play a Video Game

五本书

1. 书名:《第二人生:论电子游戏的重要性》(*Extra Lives: Why Video Games Matter*)

作者:汤姆·比塞尔(Tom Bissell)

出版社:复古出版社

出版时间:2011年

汤姆·比塞尔,电子游戏圈内炙手可热的作家之一,游戏知识丰富,文笔上佳。本书通过作者自身的视角,将电子游戏的方方面面展现给了读者,内容主要是作者与世界游戏设计大师的访谈实录。如果你对电子游戏抱有兴趣,本书便是很好的选择。

2. 书名:《游戏人生:三城之旅》(*This Gaming Life: Travels in Three Cities*)

作者:吉姆·罗西尼奥尔(Jim Rossignol)

出版社:密歇根大学出版社

出版时间：2009年

本书作者是资深游戏评论网站"岩石、纸张、猎枪"（Rock, Paper, Shotgun）的撰稿人吉姆·罗西尼奥尔。书中探讨了人与游戏的关系，力图在普遍意义上向世人传递电子游戏所具有的文化重要性。作者通过讲述自己亲身经历，谈论韩国的游戏文化，以及着重描述《星战前夜OL》这款游戏，向读者展示了富有人情味，而且以玩游戏为豪的玩家群体的精神面貌。

3.《我们怎样玩电子游戏》（How to Do Things with Videogames）

作者：伊恩·博格斯特（Ian Bogost）

出版社：明尼苏达大学出版社

出版时间：2011年

乔治亚理工学院的伊恩·博格斯特教授是世界上绝无仅有的电子游戏天才。他在几篇文章中通过强有力的案例，强调了电子游戏在当今文化中的地位。更难得的是,伊恩教授呼吁,要以更为宽广的眼光看待游戏的现在和未来,认为游戏是一种充满可能性的媒介手段,不只是已经发掘完毕的一种娱乐形式罢了。本书向读者展现了游戏光辉的另一面。

4.《重玩:电子游戏史》(*Replay: The History of Video Games*)

作者:特里斯坦·多诺万(Tristan Donovan)

出版社:黄蚁出版社

出版时间:2010年

如果你对电子游戏发展的历史感兴趣,本书便是你不二的选择:作者多诺万在书中从最早的《双人网球》到时下的流行游戏,事无巨细地还原了游戏世界的全貌,在记录史实的同时引用了许多小故事进行讲述。你会深深惊叹于游戏世界疯狂又刺激的发展历程。

5.书名:《神经漫游者》(*Neuromancer*)

作者:威廉·吉布森(William Gibson)

出版社:王牌交易出版社

出版时间:2000年

本书讲述的是发生在一个名叫"Matrix"的世界里的黑客故事。虽然不是直接讲游戏本身,但书中故事让一代人对虚拟生活有了概念。本书主要情节是击败两个分别叫"冬寂"和"神经漫游者"的强大得可怕的人工智能,很像游戏剧情。怎么就没人把这书改编成游戏呢?

五部电影

1.电影名:《"大金刚"之王:游戏厅之战》(*The King Of Kong: A Fistful Of Quarters*)

影片导演:赛斯·戈登(Seth Gordon)

发行商:LargeLab

How to 如何玩电子游戏
Play a Video Game

上映时间：2007年

史上最伟大的有关电子游戏的电影，却乏人知晓。该片以纪录片的形式，讲述了80年代复古游戏包括《大金刚》《大蜈蚣》《打导弹》玩家之间互争高低的故事。故事男主角史蒂夫·韦伯是个普通人，面对种种困难依旧坚忍不拔地力争第一，你一定会为他这种精神所感染。该片展现了游戏玩家神秘、欢乐、沮丧和鼓舞人性各个方面的精神面貌，刻画细致入微，堪称佳作。

2.电影名：《战争游戏》（*WarGames*）

影片导演：约翰·班德汉姆（John Badham）

发行商：联美公司

上映时间：1983年

你对热核战争题材的游戏感不感兴趣？就像《安德的游戏》一样，本片讲述了游戏差点毁灭世界的荒诞故事。片中主人公小男孩闲适的游戏过程和外部世界一触即发的战争状态，形成了鲜明的对比。本片的最大亮点是人工智能"乔舒亚"这个角色的设定,就其本身而言,既不邪恶又非好战,善恶好坏全凭人的一念,发人深省。

3.电影名:《电子世界争霸战》(*Tron*)

影片导演:史蒂文·利斯伯吉尔(Steven Lisberger)

发行商:华特·迪士尼

上映时间:1982年

本片在某些方面可以视作终极的"玩家电影",情节刺激,画面精良。影片将现实生活中抽象的电脑系统具象化,将冷冰冰的程序和算法,转变成活生生的真人呈献给观众,使观众在欣赏的同时不由得思考:如果在游戏世界的表现终将影响到现实生活,我们将何去何从?

4.电影名:《感官游戏》(*eXistenZ*)

影片导演:大卫·柯南伯格(David Cronenberg)

发行商:加拿大电视电影协会等

上映时间:1999年

大卫·柯南伯格是个风格怪异的导演,本片营造了一个"真实的"游戏世界,玩家身陷其中难以区分真假,成功烘托出诡异的氛围。同时本片可能也是柯南伯格最瘆人的电影了吧。影片中玩游戏不再像现在这样用手拿着遥控器玩,而是接触生物传感器进入游戏世界,既不乏哲学层面上的超现实感,又有传统的动作片所具有的刺激场景。

5.电影名:《歪小子斯科特》(*Scott Pilgrim Vs. The World*)

影片导演:埃德加·赖特(Edgar Wright)

发行商:环球影业

上映时间:2010年

说到对游戏文化影响阐述深刻的电影,非本片莫属了。本片由同名漫画系列改编,讲述了主人公斯科特(迈克尔·塞拉饰)必须先打败女友的7个邪恶的前男友才能安心地与女友双宿双飞。是不是听着像是电子游戏的情节？电影里充满了好玩的游戏梗，观影时不像是在看，而更是像在"玩"电影。

五款入门游戏

1.游戏名：《猴岛》（*Monkey Island*）

出品公司：卢卡斯艺术

地区：美国圣弗朗西斯科

鉴于冒险游戏对新手玩家来说比较好上手，这里再介绍一款和《机械迷城》类似的冒险游戏《猴岛》。该系列自1990年问世以来就已经赢得了世界各地玩家的心。游戏中你控制"大海盗"解谜闯关，从"羞辱斗剑"学习游戏知识，还要花时间和黄铁矿制成的鹦鹉"说话"。本系列粉丝万千大受欢迎，为响应玩家要求，在2009推出了游戏重制版，新版游戏讲述的是全新的冒险故事。

How to 如何玩电子游戏
Play a Video Game

2.游戏名:《传送门》(*Portal*)

出品公司:维尔福公司

地区:美国华盛顿贝尔维尤

如果对传统的"第一人称射击"游戏感兴趣,你可以试一下这款游戏练手。游戏中你并不是真的持枪打人,你用的是"传送枪",射出的子弹会为你形成一道"传送门",供玩家穿梭其中。玩这款游戏玩家需要借助这个仅有的工具在巨大的、吓人的科学设施里进行探索。通关后会响起乔纳森·库尔特的歌声,所以还是值得一玩的。之后要是你喜欢,还可以玩一下2011年发行的续作《传送门2》。

3.游戏名:《弹弹跳跳闪避人》(*VVVVVV*)

出品公司:Distractionware (Terry Cavanagh)

地区:英国剑桥

本游戏是由个人或者小团体制作的一款"独立游

戏",游戏本身确实十分难玩。虽说归类是属于跳台游戏,但玩家无法进行"跳"的操作,小人Viridian的移动是自发的,玩家负责左右闪避尖刺头下脚上一路向上"飞",最终目的是救出遇难的飞船船员(Viridian是飞船船长)。本游戏做得棒的地方在于,你玩一局只要5~10秒钟的时间,死了立马可以根据上次的经验重新来过。

4.游戏名:《幻幻球》(*Peggle*)

出品公司:宝开游戏公司

地区:美国西雅图

弹珠类消除游戏,游戏简单却其乐无穷。很像日本游戏厅"弹球盘"游戏:玩家发射屏幕上方的弹子,击中颜色相同的弹子便能消除得分,得分时会有贝多芬《欢乐颂》的音乐响起。该游戏在苹果Mac、PC、Xbox、PlayStation 3、iPod、iPhone各大平台上均可以玩,是打发时间、寻找乐趣的不二之选。

5.游戏名:《舞动全身》(*Dance Central*)

发行公司:Harmonix Music Systems

地区:美国马萨诸塞州坎布里奇

前面几款游戏都是静坐着玩的,是时候动动身体啦!《舞动全身》顾名思义,就是跳舞玩的!根据电视屏幕里的指示,挥动微软Kinect遥控手柄,跟着节拍舞动起来吧!可选乐曲包括Lady Gaga的《Poker Face》之类的流行歌曲。不管你跳得如何,游戏过程中都会一直为你的表现打分。玩久了你可能还会出汗,但是你玩了这款游戏也不是说就真的会提升舞技。要是你动静闹得太大,楼下邻居多半会觉得你有病。

五款晋阶大作

1.游戏名:《滑板3》(*Skate 3*)

发行公司:美国艺电

地区：加拿大不列颠哥伦比亚省本拿比市

我一直奉《滑板3》为圭臬，觉得这是一款最好最美的游戏。但是其他玩友都纷纷表示惊讶。虽说这是款滑板游戏，但是穿梭在城市的大街小巷里，你能感受到一种音乐的节律。该游戏操作并不简单，玩家需要熟练操作Xbox或者PlayStation手柄上的两个虚拟摇杆。但一旦操作熟练以后，比方说从最基本的跳跃到后来的360度空翻都会了，你就会充分感受到这款游戏的美好之处。可能我这样讲你会觉得奇怪：这款游戏能教你跳"跳舞"。可能在专门的跳舞游戏问世前玩玩这款游戏也不失为不错的选择吧！

2.游戏名：《攀岩求生》（*GIRP*）

发行公司：foddy.net

地区：英国牛津

你只需打开网页输入网址www.foddy.net/GIRP.html，现在就能玩这款游戏。玩家扮演一个攀岩

How to 如何玩电子游戏
Play a Video Game

者,根据画面上把手圈中的字母在键盘上点击相应的字母进行抓取,一步一步向上爬。你会发现这款游戏颇有难度,经常在很低的高度就失手摔死。游戏替身居然只用手而不用脚去爬,这一点也怪得很。你玩着玩着成绩就会慢慢进步,颇有成就感。这是一款富有创意才思的游戏。

3.游戏名:《警察故事》(*Police Quest*)

发行公司:雪乐山在线

地区:美国加利福尼亚州弗雷斯诺

遍玩各种各样的游戏,我最喜欢的依旧还是《警察故事》。游戏中玩家扮演桑尼·邦兹警官。桑尼警官原先是一名负责处理醉酒驾车、超速行驶的交警,后来成了一个胸怀大志、专查杀人大案的警探。游戏中你可以四处走动,通过打字发出指令行动:检查收音机、阅读《米兰达规则》、获得装有发信器的钢笔等。请务必谨慎行事,如果你在押犯人的时候忘记给他搜身，那我保证他会私藏凶器趁你不备杀死你。虽说这游戏玩起来挺费劲，但是比起现在滥大街的枪械类游戏，我认为这才是对"打击犯罪"题材游戏该有的诠释。

4.游戏名：《逆转裁判》（*Phoenix Wright: Ace Attorney*）

发行公司：卡普空

地区：日本大阪

游戏主角成步堂龙一（Phoenix Wright）是任天堂DS掌机游戏有关警探、法庭的人物里最让人耳目一新的角色，他的工作是帮助无辜的被告人洗刷冤屈。上法庭前，你要调查案发现场和相关场景，与相关人物交谈寻找蛛丝马迹。一旦找齐证据即开始和控方检察官对簿公堂了。法庭上你要在证人的证词中找到矛盾之处，运用已有证物进行威慑使他们的话里露出马脚。玩家很容易被代入游戏里，甚至会情不自禁地对着游戏机麦克风大喊:"我反对!"

5.游戏名:《孤岛惊魂2》(*Far Cry 2*)

发行公司:育碧蒙特利尔工作室

地区:加拿大蒙特利尔

作为一位"硬核"玩家,最后想推荐一款第一人称射击类游戏。和大多同类型游戏一样,在本作中你可以四处走动、射杀敌人。打来钱你继续升级枪支,然后射更多的敌人……它的独特之处在于,立意更加高明。你在游戏中扮演雇佣兵,游走在位于中非大草原某个不知名国家的冲突双方之间。虽说你是为了杀掉挑事的大坏蛋而大开杀戒的,但在游戏的同时你也会不禁思考,自己这种杀戮的行为和坏人杀戮的行为,都是造孽,又有什么分别呢?

致　谢

首先，我要感谢一直以来支持我的妻子莉拉。同时，我还要谢谢我的父母：吉姆和玛丽，他们两位也一直是我忠实的读者，本书的写就很大程度上是托了他们的福。我还要向我的授业恩师兼同事斯凯·马森，以及我在哥本哈根时认识的新西兰同胞罗布·威奇致以谢意，他们也对我的书稿提供了莫大的帮助。还有编辑玛丽·瓦恩汉姆，多亏了她帮我将书稿润色加工得更加紧凑（把我原先在书里加的感叹号基本都去掉了），本书才得以问世。书中提到的，我对游戏的哲学层面上的认识和思考，离不开他人成果的功劳，其中有来自于业内知名人士的，但主要的来源还是我在哥本哈根信息技术大学电脑游戏研究中心的共事的同事们,还有我的学生。衷心感谢你们!最后,我还要对普天下所有的游戏和制作者们致以诚挚的谢意!

附表：书中提及游戏一览

中文译名	英文原名	年份	开发者	发行商
《巨洞冒险》	Adventure, Colossal Cave Adventure	1976	William Crowther	Don Woods（推广）
《阿兹特克人》	Aztec	1982	Paul Stephenson	Datamost
《宝石迷阵》	Bejeweled	2001	宝开游戏公司（PopCap Games）	宝开游戏公司（PopCap Games）
《生化奇兵》	BioShock	2007	2K Boston	2K Games（现更名为 Irrational Games）
《时空幻境》	Braid	2008	Number None	Number None
《使命召唤7：黑色行动》	Call of Duty: Black Ops	2010	Treyarch	Activision
《文明》系列	Civilization Series	1991—2010	MicroProse	MicroProse
《电脑太空》	Computer Space	1971	Nutting Associates	Nutting Associates
《城市危机》	City Crisis	2001	Syscom Entertainment	Take-Two Interactive
《蜡笔物理学》	Crayon Physics	2007	Petri Purho	Hudson Soft
《舞动全身》	Dance Central	2010	Harmonix Music Systems	MTV Games
《黑暗城堡》	Dark Castle	1986	Silicon Beach Software	Silicon Beach Software
《死亡赛车》	Death Race	1976	Exidy	Exidy
《数字：爱情传说》	Digital: A Love Story	2010	Christine Love	
《大金刚》	Donkey Kong	1981	任天堂	任天堂

续表

中文译名	英文原名	年份	开发者	发行商
《毁灭战士》	Doom	1993	id Software	id Software
《双截龙》	Double Dragon	1987	Technos Japan	Taito Corporation
《星战前夜OL》	EVE Online	2003—2001	CCP Games	CCP Games
《神鬼寓言》	Fable series	2004—2010	Lionhead Studios	Lionhead Studios、Microsoft Game Studios
《辐射3》	Fallout 3	2008	Bethesda Game Studios	Bethesda Softworks
《孤岛惊魂2》	Far Cry 2	2008	育碧蒙特利尔工作室(Ubisoft Montreal)	育碧娱乐软件公司(Ubisoft)
《最终幻想》系列	Final Fantasy series	1987—2010	史克威尔·艾尼克斯(Square Enix)	史克威尔·艾尼克斯(Square Enix)
《流》	Flow	2006	陈星汉、Nicholas Clark	索尼电脑娱乐公司(Sony Computer Entertainment)
《花》	Flower	2009	thatgamecompany	索尼电脑娱乐公司
《银河游戏》	Galaxy Game	1971	Bill Pitts and Hugh Tuck	/
《宇宙刑警》	Galivan: Cosmo Police	1985	Nichibutsu	Nichibutsu
《战争机器2》	Gears of War 2	2008	Epic Games	Microsoft Game Studios
《攀岩求生》	GIRP	2010	Bennett Foddy	Bennett Foddy (www.foddy.net/GIRP.html)
《战神》系列	God of War series	2005-2010	SCE圣莫尼卡工作室(SCE Santa Monica Studio)	索尼电脑娱乐公司
《战斧》	Golden Axe	1988	世嘉(Sega)	世嘉

续表

中文译名	英文原名	年份	开发者	发行商
《侠盗猎车手》系列	Grand Theft Auto series	1997—2009	Rockstar Games	Rockstar Games
《吉他英雄》系列	Guitar Hero series	2005—2010	Harmonix	RedOctane and Activision
《枪战》	Gun Fight	1975	Taito	Taito
《半条命》系列	Half-Life series	1998—2007	维尔福软件公司 (Valve Corporation)	雪乐山工作室 (Sierra Studios)、维尔福软件公司
《暴雨》	Heavy Rain	2010	Quantic Dream	索尼电脑娱乐公司
《殴打贱人》	Hit the Bitch	2010	Børn og Unge i Voldsramte Familier, www.hitthebitch.dk	/
《古堡迷踪》	ICO	2001	Team Ico	索尼电脑娱乐公司
《Kinect体育竞技》	Kinect Sports	2010	Rare	Microsoft Game Studios
《Kinect动物来袭》	Kinectimals	2010	Frontier Developments	Microsoft Game Studios
《国王密使5》	King's Quest V	1990	雪乐山	雪乐山
《黑色洛城》	L.A. Noire	2011	Team Bondi、Rockstar Leeds	Rockstar Games.
《求生之路》	Left 4 Dead	2008—2009	维尔福软件公司	维尔福软件公司
《疯狂小旅鼠》	Lemmings	1991	DMA Design (现Rockstar North)	Psygnosis
《地狱边境》	Limbo	2010	Playdead	Microsoft Game Studios、Playdead
《机械迷城》	Machinarium	2009	Amanita Design	Amanita Design
《疯狂橄榄球》系列	Madden NFL series	1988—2011	/	A Sports
《侠盗猎魔》	Manhunt	2003	Rockstar North	Rockstar Games

续表

中文译名	英文原名	年份	开发者	发行商
《质量效应》系列	Mass Effect series	2007—2010	BioWare	Microsoft Game Studios (Xbox)、Electronic Arts (其他平台)
《合金装备》系列	Metal Gear Solid series	1998—2008	/	科乐美 (Konami)
《我的世界》	Minecraft	2009	魔赞协同公司 (Mojang)	魔赞协同公司 (Mojang)
《镜之边缘》	Mirror's Edge	2008	EA Digital Illusions CE	Electronic Arts
《猴岛》系列	Monkey Island series	1990—2010	LucasArts、Telltale Games	LucasArts
《神秘岛》	Myst	1993	Cyan	Brøderbund
《大神》	Okami	2006	Clover Studio	卡普空 (Capcom)
《吃豆子》	Pacman	1980	南梦宫 (Namco)	南梦宫、Midway
《幻幻球》	Peggle	2007	宝开游戏公司	宝开游戏公司
《逆转裁判》	Phoenix Wright: Ace Attorney	2001	卡普空	卡普空
《警察故事》	Police Quest	1987	Sierra On-Line	Sierra On-Line
《乒乓》	Pong	1972	雅达利公司 (Atari Inc)	雅达利公司
《传送门》系列	Portal series	2007	维尔福软件公司	维尔福软件公司
《波斯王子》系列	Prince of Persia series	1989-2010	Brøderbund、Red Orb、Ubisoft、Pipeworks、Gameloft	Brøderbund、TLC、Mattel、Ubisoft、SCEJ

续表

中文译名	英文原名	年份	开发者	发行商
《荒野大镖客：救赎》	Red Dead Redemption	2010	Rockstar San Diego、Rockstar North	Rockstar
《Rez》	Rez	2001	United Game Artists	索尼电脑娱乐公司
《摇滚乐团》系列	Rock Band series	2007—2011	Harmonix Music Systems	MTV Games
《第二人生》	Second Life	2003	Linden Research, Inc	Linden Research, Inc
《9-12》	September 12th	2003	Newsgaming.com	Newsgaming.com
《旺达与巨像》	Shadow of the Colossus	2005	Team Ico	索尼电脑娱乐公司
《滑板3》	Skate 3	2010	EA Black Box	Electronic Arts
《小熊即永眠》	Sleep is Death	2009	Jason Rohrer	Jason Rohrer
《小小世界》	SmallWorlds	2008	Outsmart	Outsmart
《太空侵入者》	Space Invaders	1978	Taito Corporation	Midway
《空中大战》	Spacewar!	1962	Steve Russell、Martin Graetz、Wayne Witaenem	
《星球大战》	Star Wars	1983	雅达利公司	雅达利公司
《星际争霸》系列	Starcraft series	1998—2010	暴雪娱乐公司	暴雪娱乐公司
《街头霸王》系列	Street Fighter series	1987—2011	卡普空	卡普空
《超级马里奥兄弟》	Super Mario Bros.	1985	任天堂	任天堂
《超级猴子球》	Super Monkey Ball	2001	Amusement Vision	世嘉
《双人网球》	Tennis for Two	1958	William Higinbotham	/
《俄罗斯方块》	Tetris	1984	Alexey Pajtnov	/

续表

中文译名	英文原名	年份	开发者	发行商
《造梦机器》	The Dream Machine	2010	Cockroach, Inc	Cockroach, Inc
《模拟人生》系列	The Sims series	2000—2011	Maxis、The Sims Studio	Electronic Arts
《托杰和厄尔》	Toejam & Earl	1991	Johnson Voorsanger Productions	世嘉
《古墓丽影》系列	Tomb Raider series	1996—2010	Core Design、Crystal Dynamics	Eidos Interactive、Square Enix
《网络创世纪》	Ultima Online	1997	Origin Systems	Electronic Arts
《虚拟伊拉克》	Virtual Iraq	2008	Virtually Better	Virtually Better
《弹弹跳跳闪避人》	VVVVVV	2010	Distractionware (Terry Cavanagh)	Distractionware (Terry Cavanagh)
《瓦里奥制造：手舞足蹈》	WarioWare: Smooth Moves	2007	任天堂	任天堂
《Wii运动》	Wii Sports	2006	任天堂	任天堂
《魔兽世界》	World of Warcraft	2004—2011	暴雪娱乐公司	暴雪娱乐公司